CB135438

Gaste com estilo e inteligência

CARO LEITOR,

Queremos saber sua opinião sobre nossos livros.

Após a leitura, curta-nos no facebook/editoragentebr, siga-nos no Twitter @EditoraGente e visite-nos no site www.editoragente.com.br.

Cadastre-se e contribua com sugestões, críticas ou elogios.

Boa leitura!

Melissa Tosetti e Kevin Gibbons

Gaste com estilo e inteligência

O guia prático para você ter tudo o que quer na vida

Tradução:
Irati Antonio e Marsely De Marco Dantas

Gente editora

Gerente Editorial
Alessandra J. Gelman Ruiz

Editora de Produção Editorial
Rosângela de Araujo Pinheiro Barbosa

Controle de Produção
Fábio Esteves

Projeto Gráfico e Diagramação
Esper Leon | Nhambikwara Editoração

Revisão
Adriana Cristina Bairrada

Capa
Miriam Lerner

Imagem de Capa
Andresr/iStockphoto

Impressão
Assahí Gráfica

Copyright © 2011 by Melissa Tosetti e Kevin Gibbons. Todos os direitos reservados.

Todos os direitos desta edição são reservados à Editora Gente.

Rua Pedro Soares de Almeida, 114
São Paulo, SP – CEP 05029-030
Telefone: (11) 3670-2500
Site: http://www.editoragente.com.br
E-mail: editoragente@editoragente.com.br

Dados Internacionais de Catalogação na Publicação (CIP)
(Câmara Brasileira do Livro, SP, Brasil)

Tosetti, Melissa

Gaste com estilo e inteligência: o guia prático para você ter tudo o que quer na vida / Melissa Tosetti, Kevin Gibbons; tradução Irati Antonio e Marsely De Marco Dantas. – São Paulo: Editora Gente, 2012.

Título original: Living the savvy life.
ISBN 978-85-7312-802-4

1. Administração financeira 2. Estilo de vida 3. Finanças pessoais 4. Gastos 5. Mulheres – Finanças pessoais I. Gibbons, Kevin. II. Título.

12-12014 CDD-332.0240082

Índice para catálogo sistemático:
1. Mulheres: Finanças pessoais: Economia 332.0240082

Agradecimentos

Gostaríamos de agradecer a todos aqueles que compartilharam conosco suas histórias. Vocês são a inspiração de um movimento em direção a uma vida financeiramente equilibrada.

Gostaríamos também de agradecer a Carla Ada, Cheryl Broadway, Renee Hardiman, Linda Haze, Erika Lawrence, Laura Lentz, Sue Widup e Gary Smith pela edição apurada, atenção aos detalhes, *feedback*, inspiração e apoio.

Queremos agradecer aos *chefs* Mark Parker e Jennifer Whitmire-Parker por se reunirem a nós em nossa busca para ajudar as pessoas a se sentirem mais à vontade na cozinha.

Da parte de Melissa

Quero agradecer à minha mãe e ao meu pai por incutir em mim a crença de que sou capaz de fazer qualquer coisa a que eu me propuser e por me incentivar a seguir o meu caminho como escritora.

Quero agradecer à minha avó por todas as lições inteligentes que ela me ensinou.

Quero agradecer a Jimmy Haze por ser um irmão tão bacana e encorajador.

Quero agradecer a Paul e Joan Tosetti por seu apoio constante.

Quero agradecer ao meu marido Paul por sua tolerância e apoio absoluto à medida que nos empenhamos em compreender e definir esta vida inteligente e equilibrada juntos.

Quero agradecer a meu filho Dante por me inspirar a trabalhar um pouco mais arduamente enquanto eu escrevia este livro, para que tivéssemos ainda mais tempo juntos no futuro próximo.

Da parte de Kevin

Gostaria de agradecer aos meus pais Alice e George por me ensinar a poupar dinheiro e o valor de se esperar pelas coisas.

Obrigado ao meu amigo e primeiro chefe, Virgle Hedgecoth, que me ensinou como gastar dinheiro e aproveitar as coisas boas da vida sem culpa.

Obrigado à minha esposa, Leta, que está continuamente me ensinando que as coisas mais valiosas da vida não são coisas e estão além do preço.

Sumário

Introdução

O dinheiro afeta todas as coisas

Acho romântico acreditar que o dinheiro não é importante. Não seria maravilhoso viver sem nos preocupar com problemas financeiros? Contudo, a verdade é que o dinheiro afeta todas as áreas da nossa vida. Afeta a maneira como nos vestimos, o lugar em que vivemos, o que comemos e como passamos nosso tempo livre. Afeta nossas emoções e aumenta ou diminui nossa alegria de viver.

Há no mercado um grande número de bons livros e outros recursos sobre finanças pessoais, que oferecem dicas sobre tudo, de maneiras de pesquisar as melhores ofertas até como fazer um plano de previdência privada. No entanto, uma gestão financeira eficaz envolve bem mais do que aplicar em um plano de aposentadoria e economizar dinheiro no supermercado. Para ilustrar esta questão, vamos fazer uma breve comparação entre a vida de uma mulher comum e a de uma mulher inteligente.

A mulher comum

Uma mulher comum não faz ideia de quanto dinheiro tem em sua conta bancária em nenhum momento. Em geral, ela usa seu cartão de débito com um nó no estômago, esperando que ele não seja recusado.

Seu *closet* está repleto de roupas, mas poucas peças podem ser combinadas para compor um traje completo. Muitas das suas roupas ainda estão com as etiquetas, porque quando as levou para casa, ela percebeu que não tinha nada para vestir com elas. Mesmo assim, continua a comprar roupas ao acaso, sempre sentindo a necessidade de comprar mais.

Várias vezes por semana, ela se vê obrigada a comer fora porque a despensa da cozinha está vazia. Quando ela vai ao supermercado, compra mantimentos sem nenhum planejamento, por isso não sabe bem o que fazer com eles quando chega em casa. Quando vai aos restaurantes sofisticados de que mais gosta, ela sente uma pontinha de culpa ao sacar seu cartão de crédito para pagar a conta.

Ela tira férias pelo menos uma vez por ano, com várias escapadelas intercaladas de fim de semana. Enquanto está de férias, ela se descobre preocupada, pois estava apenas a ponto de terminar de pagar suas férias anteriores no momento em que saiu para as atuais.

A mulher comum é uma consumidora que compra sem parar, na esperança de que o próximo produto que ela adquirir irá criar, como em um passe de mágica, a vida que ela tão desesperadamente deseja.

A mulher inteligente

Uma mulher inteligente sabe exatamente quanto dinheiro tem no banco e sempre gasta menos do que ganha. Sua conta de poupança em crescimento constante lhe dá uma confiança que é visível para os outros.

Ela tem um guarda-roupa enxuto, composto somente por peças que ela adora, que ficam muito bem para ela e que a faz se sentir bem. Ela prefere fazer a própria moda, em vez de seguir tendências. Como sabe o que lhe cai bem, ela pode fazer compras em lojas de desconto e parecer como se ela comprasse em butiques sofisticadas. Está disposta a investir em seu guarda-roupa, mas pergunta se uma determinada peça entrará em liquidação. Ela compra tendo um propósito em mente, embora esteja aberta a momentos casuais. Nunca compra uma peça para seu guarda-roupa a menos que tenha se apaixonado por ela.

Ela cozinha a maior parte das suas refeições em casa. Sabe preparar um grande número de pratos e está sempre à procura de novas receitas para acrescentar ao seu repertório. Faixa preta em compras de supermercado, sua despensa e sua geladeira estão repletas de ingredientes prontos para ser transformados em pratos deliciosos. O fato de preparar sua comida em casa lhe permite desfrutar um jantar ocasional naquele restaurante sofisticado que ela adora, sem nenhuma culpa que possa estragar esse momento de prazer.

Ela tem gosto pela aventura e, conscientemente, economiza dinheiro para aqueles fins de semana prolongados e para aquela viagem à Itália que ela vem planejando no último ano. Quando sai de férias, a viagem já está paga antes da partida, por isso são férias verdadeiras.

A mulher inteligente escolhe o que vai levar para sua vida, preferindo ser seletiva em vez de consumir sem pensar. Esse controle sobre sua vida financeira lhe garante uma *joie de vivre* (alegria de viver) ainda maior.

A vida da mulher comum lhe parece um pouco familiar? Há vezes em que seu salário não dura até o próximo dia de pagamento? Seu armário está abarrotado de roupas, mas você não tem nada para vestir? Você tem dificuldades para aproveitar totalmente uma viagem de férias ou um jantar fora de casa, sabendo que usou seu cartão de crédito para pagar essas despesas? Então, talvez haja certos aspectos da sua vida sobre os quais você mantém controle, mas sai dos trilhos quando se trata de férias, ocasiões especiais ou quando seu carro quebra inesperadamente.

O impacto

Claro, não ter controle da sua vida financeira acarreta um estresse compreensível em você, mas de que maneira isso afeta as pessoas que estão ao seu redor?

Você e seu marido discutem por causa de dinheiro ou coisas sem importância que, no final, estão relacionadas com dinheiro? Se você tem filhos, eles estão cientes da sua ansiedade e preocupação? Quando contam com a realização de algo especial, eles sabem que você teme não saber como vai pagar por isso?

Sua preocupação com dinheiro afeta o relacionamento com seus amigos? Você concorda em sair para comer ou em fazer outros programas, sabendo que "não pode arcar com" essas despesas ou que preferiria gastar seu dinheiro em outra coisa? Então, você se ressente de seus amigos por levar essa pressão para sua vida?

Se você se identificar com qualquer uma das situações anteriores, pode ser terrível pensar sobre o que seria necessário para transformar sua vida de mulher comum em uma vida de mulher inteligente. Antes de perder a esperança, pense no quanto está lhe custando em termos físicos, emocionais e financeiros continuar no seu caminho atual. Agora, tome alguns minutos para pensar em tudo o que você poderia conseguir ao realizar essa transformação. É a visão de um armário cheio de roupas que você realmente possa usar que a deixa animada? O que acha de tirar férias com seus amigos que serão pagas antecipadamente? Não seria maravilhoso oferecer férias inesquecíveis para sua família sem sequer tocar em um cartão de crédito? Você gostaria de pagar em dinheiro um jantar romântico em seu restaurante favorito para sua cara-metade?

Não se trata de quanto dinheiro você ganha. Não importa se você recebe muito ou pouco, o segredo para o sucesso financeiro é gastar menos do que se ganha. Infelizmente, a maioria das pessoas gasta sem pensar, desperdiçando dinheiro em compras que lhes trazem pouca satisfação pelo seu investimento. Muitas vezes, é possível ver esse tipo de gasto irrefletido na forma de caos. Aprender a concentrar seus gastos naquilo que é verdadeiramente importante para você e economizar nas coisas que não são tão importantes assim é o segredo para atingir uma vida financeira inteligente.

Porém, não se trata apenas de gastar menos do que você ganha e de focar seus gastos. Organizar-se e permanecer organizada também são fatores cruciais para você alcançar e manter uma vida financeira inteligente.

A transformação de Melissa

Em 1994, com 24 anos, mudei para São Francisco, na Califórnia, para ficar com Paul, então meu namorado, hoje meu marido. Na época, eu tinha uma dívida razoável e fiquei assustada diante dos valores astronômicos dos aluguéis. O que eu pagaria por um apartamento em Fresno, na Califórnia, mal pagava o aluguel de um quarto na casa de outra pessoa. Comecei a trabalhar como recepcionista em uma empresa de relações públicas durante o dia e como garçonete à noite. Consegui quitar a minha dívida no prazo de um ano e, com satisfação, deixei meu emprego de garçonete, pois preferia um trabalho muito mais administrável de quarenta horas semanais.

Embora a minha dívida estivesse quitada, ainda não sobrava muito dinheiro no final de cada mês. Na base da tentativa e erro, consegui me tornar mais disciplinada em relação aos meus hábitos financeiros. Também passei a procurar maneiras criativas para gastar o dinheiro que sobrava. Comecei a ler tudo o que caía em minhas mãos sobre frugalidade e simplicidade. Nessa época, a internet estava se estabelecendo e eu me tornei uma ávida leitora do *website The Dollar Stretcher* [O Esticador de Dólar]. Também devorei os livros da série *The Tightwad Gazette* [A Gazeta do Pão-Duro], de Amy Dacyczyn, além de me inspirar nos livros *Frugal Luxuries* [Luxos Frugais], de Tracy McBride. Coloquei em prática muitas das sugestões que aprendi nessas obras e em inúmeras outras fontes. Paul se mostrou muito tolerante à medida que eu, continuamente, experimentava diversas maneiras de economizar dinheiro. Comecei a pensar sobre o que eu poderia fazer com menos. O que eu poderia fazer para esticar ainda mais o que eu tinha? De quantas maneiras diferentes eu poderia usar uma peça de roupa?

Além disso, comecei a estudar os hábitos de cada pessoa com quem eu me relacionava. Por exemplo, fiquei encantada com Jessica, uma colega de trabalho que tinha um talento natural para encontrar roupas incríveis em brechós. Também fiquei impressionada com Leta, uma amiga cuja casa era decorada com verdadeiras pechinchas que ela havia encontrado em lojas de antiguidades. Passei a seguir as aventuras da minha amiga Sophie, que possuía uma habilidade especial para descobrir entradas para concertos e promoções de férias a preços de banana. Eu adorava visitar meus sogros, que recebiam sem esforço, colocando refeições deliciosas, embora baratas, na mesa. Por fim, minhas amigas Gina e Kathleen também me fascinavam, pois elas podiam fazer compras em lojas de departamentos e parecer que haviam acabado de sair de lojas de grife.

Eu observava todas essas pessoas maravilhosas, econômicas e financeiramente inteligentes que estavam ao meu redor, enquanto eu tomava notas e fazia perguntas. Como você reformou essa mesa? Onde você comprou essa linda pulseira? Como você preparou esse assado de dar água na boca?

Estudei as mulheres da Segunda Guerra Mundial que, durante uma época de sacrifício e racionamento, transformaram-se em ícones da moda com seus lábios vermelhos e cabelos perfeitos. Adorei conhecer os truques que elas criavam, como desenhar uma linha vertical na parte de trás das pernas nuas para dar a impressão de que usavam meias finas com costura.

Enquanto eu me tornava mestre em frugalidade, procurei eliminar ao máximo o desejo de ir a bons restaurantes para jantar ou a museus e ao teatro. O que eu não conseguia controlar era o meu desejo apaixonado de viajar. Comecei a me perguntar se a frugalidade tinha de ser um compromisso do tipo ou tudo ou nada. Será que a frugalidade precisava ser um caminho incondicional da vida ou havia algum outro? Comecei a perceber que se eu focasse meus talentos frugais nas coisas que não eram tão importantes para mim, então poderia concentrar meus gastos nas coisas que eram importantes de fato.

Em pouco tempo, fomos capazes de colher os benefícios dessa filosofia. Começamos com o objetivo de fazer uma viagem de sete dias para o Disney World. No período de um ano, buscamos todas as maneiras possíveis de economizar dinheiro para essa viagem. No momento em que embarcamos no avião, a viagem estava paga e pudemos gastar como quisemos na terra do Mickey Mouse. Nossas despesas incluíram um inesquecível jantar de seis pratos acompanhado de vinho no restaurante Victoria & Albert localizado no Grand Floridian Resort, hotel no Disney World.

Essa viagem foi uma grande lição para nós. Ao focar os nossos gastos, éramos capazes de ter e de fazer as coisas que realmente desejávamos. A ideia de economizar nas coisas que não são tão importantes para nós para que pudéssemos gastar nosso dinheiro com as coisas que são importantes tornou-se um modo de vida.

O que você vai encontrar neste livro

Como você verá ao longo deste livro, gestão financeira nem sempre tem relação com comprar um produto em liquidação ou guardar dinheiro em sua conta de poupança. Tem a ver também com cuidar das coisas que você tem para que durem o maior tempo possível. Tem a ver com administrar sua cozinha de maneira adequada para garantir que você não jogue dinheiro fora na forma de sobras ou de legumes e verduras estragados. Tem a ver com usar com frequência 80% das roupas que você possui e não apenas 20%, deixando todas as demais penduradas como cifrões relegados no fundo do armário. Tem a ver com cuidar bem da pele hoje para que não tenha de gastar muito dinheiro em cosméticos para recuperá-la mais tarde.

Juntos, vamos criar um estilo de vida que inclui todas as coisas que você deseja. Faremos isso administrando suas finanças, concentrando seus gastos, fazendo um inventário do que você já tem e cuidando do que você já possui. Em primeiro lugar, vamos começar adotando a filosofia da vida financeira inteligente e seguindo a regra de ouro, sobre as quais você vai aprender nos capítulos 1 e 2. A partir daí, você vai aprender os seis hábitos que lhe permitem colocar a filosofia da vida financeira inteligente em prática. Com essa base definida, vamos nos divertir! Vamos analisar cada área da sua vida, incluindo:

- Sua casa.
- Férias, *hobbies*, entretenimento e refeições fora de casa.
- Roupas e acessórios.
- Cuidados com a pele, cosméticos e cuidados com os cabelos.
- O hábito de cozinhar e de administrar a cozinha.
- Gestão financeira inteligente.

À primeira vista, pode não parecer que a quantidade de roupas em seu *closet* tenha alguma coisa a ver com suas férias ou com o que você come no jantar. Porém, na verdade tudo está relacionado. Você conta com uma quantia fixa de dinheiro todos os meses para destinar às diversas áreas da sua vida, como pagar contas, comprar mantimentos, comprar roupas e reservar dinheiro para suas próximas férias. A maneira como você administra cada uma dessas áreas da sua vida causa impacto diretamente sobre as outras.

Ao longo deste livro, vou apresentá-la a amigos e leitores da *The Savvy Life* (www.thesavvylife.com), revista *on-line* que publicamos desde 2005 sobre vida financeira inteligente. Você vai ler suas histórias, conhecer as lições que nos ensinam e como eles transformaram a própria vida.

Embora esteja repleto de maneiras de economizar dinheiro, este livro não trata da vida frugal. Trata de como encontrar e manter o equilíbrio. Costumamos ser viciados em coisas extremas. Adoramos assistir a *reality shows* na televisão que mostram situações extremas, como é o caso de *The biggest loser* [O grande perdedor], em que os concorrentes oscilam entre comer em excesso como um modo de vida e seguir os mais estritos regimes alimentares e programas de exercício. A ideia de simplesmente comer menos e praticar mais exercícios não é tão interessante para nós como ver uma pessoa enfrentar desafios físicos e alimentares extravagantes.

Esse comportamento extremista também ocorre com nosso dinheiro. Durante as crises econômicas, oscilamos entre o hábito da vida inteira de gastar em excesso e a extrema frugalidade. Prometemos nunca mais comer fora e guardar cada centavo na poupança. Contudo, o que normalmente acontece é que mantemos essas promessas por uma semana, talvez um mês. Assim, da mesma maneira que alguém se lambuza de sorvete depois de uma dieta radical, prosseguimos em uma orgia de gastos, muitas vezes gastando mais do que teríamos feito antes do nosso voto de frugalidade.

Adoro um bom desafio, mas quando se trata de resultados duradouros, os extremos raramente são a solução. Mudanças duradouras no estilo de vida são alcançadas com maior sucesso a passos de bebê. Está na hora de todos nós pularmos fora do pêndulo que oscila entre gastar em excesso e seguir a extrema frugalidade.

Este livro é para você?

Nos cursos sobre finanças inteligentes que ministro na região de São Francisco, fiquei inicialmente surpresa ao ver que, em geral, os participantes tinham em média 60 anos, sendo que a maioria era formada de mulheres que ganhavam salários de seis dígitos. Com a aposentadoria a poucos anos de distância e uma possível redução da sua renda mensal em vista, elas perceberam que precisavam fazer alguma coisa em relação aos seus hábitos de administrar o dinheiro, e rápido.

Como você vai nos ouvir dizer muitas e muitas vezes, não importa quanto dinheiro você ganha. O que importa é o quanto você guarda! A dívida que o cantor norte-americano Michael Jackson deixou para trás e a ruína financeira que a fotógrafa Annie Liebovitz vivenciou são exemplos dessa regra.

Embora este livro tenha sido escrito para mulheres, as lições que ele traz interessam também diretamente aos homens, aos adolescentes e às famílias. Ainda que você possa considerá-lo um livro sobre finanças pessoais, seu objetivo é ser um manual de estilo de vida. Os conselhos que oferece têm um pouco de mãe, pai, avó e avô, de consultor financeiro, de melhor amigo, daquele tio rico favorito e daquela tia sempre na moda.

O que queremos que você aprenda com este livro? Queremos que você conquiste o controle das suas finanças, concentre seus gastos nas coisas que você realmente deseja e aproveite a vida ao máximo! Queremos que você pare de se preocupar com as faturas do seu cartão de crédito ou em como vai aguentar até o próximo salário. A vida é uma aventura maravilhosa, independentemente de quanto dinheiro você está ganhando. Juntos, podemos criar um plano para financiá-la adequadamente.

Capítulo 1

A filosofia da vida financeira inteligente

Pouco tempo depois que me mudei para São Francisco, Paul e eu nos matriculamos em uma escola de *kung fu*. Isso foi muito antes que as artes marciais se tornassem uma parte importante das nossas vidas. Paul, um atleta natural, foi imediatamente notado pelo mestre da escola e, em menos de um ano, foi convidado para se tornar instrutor em tempo integral na unidade de San Mateo, na Califórnia. No prazo de dois anos, ele foi promovido a instrutor-chefe. Eu continuei meu próprio treinamento, obtendo primeiro uma faixa preta, depois o primeiro grau e, em seguida, o segundo grau. Quando começamos, mal sabíamos que nosso caminho nas artes marciais iria espelhar nosso caminho para uma vida financeira inteligente.

Em 2006, Paul decidiu que estava na hora de seguir em frente. Assim, no ano seguinte abrimos um centro de treinamento e desenvolvimento em artes marciais em Foster City, na Califórnia. O aspecto das artes marciais de que Paul e eu mais gostávamos era o *sparring*. Então, decidimos focar no ensino de uma mistura de estilos de lutas. Nosso *timing* foi casual. Dois meses depois que abrimos o centro, o *reality show The ultimate fighter*[*] estreou na televisão norte-americana. O programa reavivou a Ultimate Fighting Championship (UFC), entidade que promove eventos de

---

* No Brasil, exibido pela Rede Globo com o título *The ultimate fighter Brasil: Em busca de campeões*. (N. T.)

artes marciais mistas (MMA), transformando essa modalidade no esporte que cresce mais rápido no mundo.

Embora o *sparring* fosse nosso foco principal, também queríamos ensinar técnicas de treinamento para MMA sem que os alunos tivessem de lutar de verdade ou fazer contato físico. Então, eu me reuni com uma das nossas professoras, Erika Lawrence, e juntas criamos o FFIT (Fearless Fitness Intensity Training), um programa de treinamento intensivo para nossa academia. Gostamos de defini-lo como baseado em MMA e inspirado por yoga, Pilates, treinamento de campo estilo militar e também pelas brincadeiras infantis.

Enquanto Erika e eu trabalhávamos com nossas alunas, ouvíamos suas histórias de luta para perder peso que mostravam o mesmo padrão de emagrece e engorda, emagrece e engorda. Sabíamos que sem criar mudanças no estilo de vida, esse padrão destrutivo persistiria. Assim, formatamos um programa de nutrição com foco no controle de porções e no consumo de alimentos integrais. Entretanto, reconhecendo a importância dos alimentos em nossa cultura e a qualidade de vida, encontramos maneiras para as alunas também desfrutarem dos alimentos que tanto adoram, mas com moderação.

Desde o início do site, escrevi sobre a semelhança que existe entre controlar os gastos e controlar o peso. À medida que eu continuava a trabalhar com as alunas na Fearless Fitness, essas semelhanças se tornaram evidentes. Percebi que não havia diferença entre ensinar gestão financeira para estudantes da Faculdade Chabot, em Hayward, Califórnia, e dar uma consulta a uma aluna na academia Fearless, pois a mensagem era a mesma: concentre suas calorias e concentre seu dinheiro nas coisas que são verdadeiramente importantes para você.

Em relação às calorias, isso quer dizer saborear um delicioso biscoito feito em casa recém-saído do forno em vez de desperdiçar calorias em um biscoito industrializado que você encontra em supermercados.

Em relação ao dinheiro, trata-se de concentrar seus gastos no novo casaco que você realmente deseja, em vez de comprar por impulso os últimos lançamentos em *tops* que você não vai usar em seis meses porque terão saído de moda.

Tudo se resume a contar seu dinheiro e gastá-lo em coisas que lhe dão prazer, em vez de gastar sem pensar. A filosofia da vida financeira inteligente e o tema geral deste livro é:

Economize dinheiro nas coisas que não são tão importantes para você para que seja possível gastá-lo nas coisas que considera importantes.

Parece fácil, não é? E, no entanto, quantas vezes você já foi a uma loja ou a um supermercado para comprar um ou dois produtos e saiu de lá empurrando um carrinho de compras lotado de sacolas? Enquanto você caminhava pela loja, as coisas continuavam a "pular" em seu carrinho. Você não percebeu quantos passageiros clandestinos você tinha até começar a carregar seu carro.

Antes de se recriminar, não se sinta mal. As lojas gastam quantias astronômicas em estudos psicológicos, publicidade e *marketing* para convencer você a comprar por impulso. Assim que perceber esse comportamento de compra em que os produtos pulam aleatoriamente em seu carrinho, é muito fácil endurecer-se e concentrar seus gastos nos produtos que realmente pretendia comprar quando entrou na loja – os produtos que são realmente importantes para você.

A filosofia da vida financeira inteligente em ação

A filosofia da vida financeira inteligente funciona em pequena escala, como no caso da loja, mas também funciona em grande escala.

Um exemplo mais substancial da filosofia da vida financeira inteligente é a maneira como Paul e eu lidamos com carros e viagens. Paul e eu temos paixão por viajar. Nossas viagens são muito importantes para nós. Por outro lado, não temos o mesmo interesse por carros. Para nós, eles são simplesmente um meio de ir do ponto A ao ponto B. Como para nós são apenas ferramentas, preferimos comprar carros usados em ótimo estado em vez de despender mais de 30 mil reais em veículos novos. O dinheiro que economizamos por não ter de pagar prestações de 800 a 1.000 reais para dois carros nos possibilita gastar com o que é importante para nós: viajar. Essa filosofia nos levou para além da nossa primeira viagem ao Disney World. As nossas três aventuras favoritas até agora incluem:

- Uma semana explorando os castelos e a história da Escócia e das ilhas Órcades.
- Uma viagem à China, onde visitamos A Grande Muralha e treinamos com os monges Shaolin.
- Um cruzeiro de dez dias pelo Alasca com nosso filho Dante, então com 2 anos.

A filosofia da vida financeira inteligente é realmente muito simples. Em primeiro lugar, identificamos o que é importante para nós – viajar. Em seguida, identificamos o que não é importante para nós – carros novos. Assim, descobrimos uma maneira de economizar dinheiro com carros e concentramos nosso dinheiro no que é importante para nós – viajar.

As viagens também são importantes para Kevin, coautor e editor administrativo do meu site, e sua esposa Leta, mas eles preferem viajar com suas motocicletas. Uma das coisas que mais gostam de fazer é sair em suas motos para uma viagem demorada. Eles acampam duas ou três noites e, depois, dão-se ao luxo de passar uma noite em um bom hotel. Economizam para essas viagens identificando e economizando em algo que não é importante para eles – TV a cabo, que pode ultrapassar 100 reais mensais. Em vez disso, economizam esses 100 reais todo mês para suas viagens de motocicleta.

Um dos exemplos da filosofia da vida financeira inteligente em ação de que mais gosto foi colocado em prática pela minha amiga Erin. Conheci Erin por meio da Fearless Fitness. Ela se mudou de Vancouver, no Canadá, para São Francisco e trabalha como enfermeira. Poucos meses depois de entrar na academia, seu namorado Steve a pediu em casamento. O casal de noivos decidiu que sua prioridade número um era comprar uma casa e, assim, começou a procurar maneiras de economizar dinheiro. Erin havia assistido a um dos nossos seminários sobre vida financeira inteligente e pediu para trocarmos algumas ideias sobre suas finanças e seu objetivo.

Erin é uma mulher naturalmente inteligente em termos financeiros e fiquei impressionada com a maneira com que ela administrava seu dinheiro. Juntas, identificamos algumas áreas extras em que era possível diminuir seus gastos, mas foi ela quem escolheu a maneira de causar o maior impacto sobre suas economias. Erin decidiu se mudar para o minúsculo apartamento de Steve antes de seu casamento, para que pudessem, imediatamente, começar a poupar mais da metade do que gastavam com aluguel estando separados.

Erin identificou o que é importante para ela – ter uma casa própria. Identificou, também, o que não é tão importante para ela – morar sozinha em um apartamento espaçoso. No momento em que escrevíamos este livro, ela e Steve estavam felizes no casamento e muito próximos de ter dinheiro suficiente para dar a entrada na compra da sua primeira casa.

As paixões e os interesses de cada pessoa são diferentes, razão pela qual a filosofia da vida financeira inteligente é apenas isso – uma filosofia. Cabe a você decidir como aplicá-la à sua vida. No capítulo 12, você terá a oportunidade de examinar uma série de questões que a ajudarão a colocar a filosofia da vida financeira inteligente em ação.

Capítulo 2

A regra de ouro

Quantas vezes você disse para si mesma: "Se eu ganhasse um pouco mais de dinheiro, eu ficaria bem"?

É fácil e compreensível pensar que bastaria ganhar um pouco mais de dinheiro para resolver os nossos problemas financeiros. No entanto, é comum que aumentemos as nossas despesas a cada reajuste de salário que temos, nunca dando a nós mesmas a oportunidade de nos recuperar. Se você aumentar seus gastos a cada reajuste, não importa quanto dinheiro ganha. Na verdade, se esse for seu caso, quanto mais dinheiro você ganhar, mais perigosa sua situação se tornará. Sua dívida ficará cada vez maior, até um ponto em que será impossível sair dessa situação.

Neste capítulo, veremos:

- A regra de ouro.
- O prejuízo de gastar demais.
- Modelos bem-sucedidos.
- Por que gastamos em excesso.
- Os benefícios intangíveis de seguir a regra de ouro.

Existem dezenas de *softwares* financeiros no mercado e centenas de livros que foram escritos sobre gestão das finanças pessoais – e todos trazem seus benefícios. Entretanto, como muitas coisas na vida, a solução para bem administrar suas finanças é simples. A única maneira para alcançar o sucesso financeiro e a regra de ouro das finanças é:

Gaste menos do que você ganha

É simples assim. Não importa o quanto você tem em investimentos ou aplicado em um plano de aposentadoria. Se você gastar mais do que ganha, sempre vai estar em risco financeiro.

Em todos esses anos publicando artigos sobre vida financeira inteligente, encontramos pessoas que ganham 120 mil reais por ano, mas gastam 150 mil reais. Pessoas que têm poucas economias, se tanto, e nenhuma ideia de onde seu dinheiro vai, apesar de seu salário de seis dígitos. Também conhecemos pessoas que ganham 45 mil reais por ano e gastam apenas 36 mil reais. Elas, disciplinadamente, depositam dinheiro em seu plano de aposentadoria e possuem uma conta de poupança saudável e em crescimento.

Gastar menos do que você ganha parece bem fácil, não é? E, mesmo assim, de acordo com o artigo "Eight Reasons Why We Overspend" [Oito razões que explicam por que gastamos demais], publicado na *Forbes.com* em 15 de fevereiro de 2009, o norte-americano médio gasta 1,33 dólares para cada 1 dólar que ganha. Com uma renda anual de 50 mil dólares, ele gasta 66.500 dólares em um mesmo ano. São 16.500 dólares a mais do que ele ganha. Se esse hábito se mantiver, esses 16.500 dólares de dívida se transformam em 33 mil dólares no ano seguinte, 49.500 dólares dois anos depois e assim por diante. Nenhum desses números inclui o custo devastador dos juros compostos.

Aqueles que se encontram nesse círculo vicioso não têm nenhuma oportunidade para fazer uma poupança e nenhuma oportunidade para aplicar em um plano de previdência. Tudo o que sobra da sua renda fica comprometido com o pagamento da sua sempre crescente dívida.

Gastos excessivos em pequena escala

Certa vez, trabalhei em um escritório em que reinava um ambiente muito difícil. Uma das minhas colegas era assistente-executiva do presidente da empresa. Seu trabalho era brutal e emocionalmente estressante. Toda manhã, ela chegava e engolia tudo aquilo porque era o único emprego na ocasião que lhe permitiria manter seu estilo de vida. Ela possuía uma Mercedes que ainda estava pagando, gastava mil dólares por mês em roupas e deixava facilmente 200 dólares no salão de beleza a cada seis semanas para manter seu cabelo. Havia muitas coisas que ela poderia ter feito para diminuir seu custo de vida, como comprar menos roupas. Ela tinha tanta roupa que seu armário parecia uma loja com estoque para vender por vários anos. Em vez disso, acabou enrascada por gastar mais do que ganhava. Para agravar ainda mais sua situação, ela aumentava seus gastos a cada reajuste de salário, em vez de usar o dinheiro extra para reduzir sua dívida.

Gastos excessivos em grande escala

De vez em quando, vou ouvir alguém dizer: "Ele tem muito dinheiro, não poderia gastar tudo". Esse comentário me faz estremecer. Celebridades, atletas profissionais e ganhadores de loteria costumam frequentar as manchetes dos jornais por causa dos seus maus hábitos financeiros. Michael Jackson é um exemplo de como não lidar com suas finanças.

De acordo com o artigo intitulado "What happened to Michael Jackson's millions?" [O que aconteceu com os milhões de Michael Jackson?], publicado pela revista *Time* em 26 de junho de 2009, o artista embolsou mais de 300 milhões de dólares pela venda de suas gravações desde o início da década de 1980. Em 1985, ele comprou os direitos de um catálogo de músicas que incluía 251 canções dos Beatles. Esses direitos, bem como os *shows*, os contratos de *endorsement* e os vídeos musicais, iriam gerar mais de 400 milhões de dólares nas duas décadas seguintes. E, no entanto, em 2003, comentava-se que Michael gastava regularmente entre 20 milhões e 30 milhões de dólares a mais do que recebia a cada ano. Estima-se que, na ocasião da morte do cantor, ele possuía de 300 milhões a 400 milhões de dólares em dívidas.

Outro exemplo de pessoa que gasta mais do que ganha em grande escala é o da famosa fotógrafa norte-americana Annie Leibovitz. Apesar do salário de sete dígitos que recebia da revista *Vanity Fair* e de faturar dezenas de milhares de dólares por dia, pagos por clientes célebres como Louis Vuitton, em 2009 Leibovitz se encontrava em atraso com o pagamento de um empréstimo de 24 milhões de dólares. Seus credores ameaçaram tomar duas de suas casas e, pior, assumir o controle de toda sua coleção de fotografias.

Quem está fazendo a coisa certa?

No extremo oposto do espectro, o famoso investidor norte-americano Warren Buffett prefere uma vida modesta. Ele ainda mora na mesma casa em Omaha, Nebraska, que comprou por apenas 31.500 dólares há mais de cinquenta anos. Por anos, seu carro foi um Lincoln Town de 2001, que comprou usado. Em 2009, Buffett possuía um patrimônio líquido acima de 37 bilhões de dólares e, no entanto, vive de um salário anual de 100 mil dólares, o que representa apenas 0,00027% das suas posses! Isso que é gastar menos do que se ganha!

O apresentador de TV norte-americano Jay Leno é outro grande exemplo de uma pessoa rica que faz a coisa certa. Em uma entrevista para a revista *Parade*, em 6 de setembro de 2009, ele afirmou: "Quando era garoto, eu tinha dois empregos. Trabalhava em uma concessionária da Ford e também no McDonald's. Eu gastava o dinheiro de um emprego e economizava todo o salário do outro. Ainda sou assim até hoje. Vivo do dinheiro que ganho como comediante e coloco no banco todo o dinheiro que recebo da TV. Nunca gastei um centavo do dinheiro da TV – jamais".

Além de seguir a regra de ouro de gastar menos do que ganha, Leno incorpora a filosofia da vida financeira inteligente quando se trata da sua paixão por carros e motocicletas. Seus hábitos financeiros inteligentes no dia a dia lhe garantem a feliz capacidade de concentrar seus gastos em sua coleção automotiva.

Por que gastamos mais do que ganhamos?

Um dos fatores mais importantes que explicam por que gastamos demais é a facilidade de obter crédito. Basta passear pelos *campi* universitários durante a primeira semana de aulas para ver filas de empresas que oferecem vantagens para aqueles que solicitarem um cartão de crédito. Dirija-se às caixas registradoras de muitos grandes varejistas e elas vão lhe oferecer um desconto na mesma hora, se você aceitar um cartão de crédito da loja.

Um dos efeitos desse fenômeno é o fato de que os norte-americanos carregam uma média de 8.700 dólares em dívidas no cartão de crédito. Em 2008, a renda familiar média anual era de 52.029 dólares. Isso significa que o norte-americano médio tem uma dívida acima de 16,5% da sua renda e essa conta não inclui as prestações da casa e do carro.

Outro fator que contribui para os nossos gastos excessivos é que contamos com o próximo salário. A expectativa da chegada de outro holerite em poucos dias ou em uma semana dá a falsa sensação de segurança de que o dinheiro é ilimitado. O problema desse hábito é que, continuamente, comprometemos o salário seguinte com dívidas, sem jamais dar a nós mesmas a oportunidade de alcançar um equilíbrio em nossas contas.

Uma das lições mais sérias da recessão norte-americana de 2008 é que os salários não são garantidos. Naquele ano, 1,2 milhão de pessoas perderam seu emprego. Gastar pensando no salário seguinte é o primeiro hábito que precisamos eliminar.

Os benefícios

Além de uma conta de poupança em crescimento, os benefícios de gastar menos do que você ganha são enormes. Se você estiver insatisfeita com seu emprego, será mais fácil mudar para uma nova posição, mesmo se isso implicar uma redução salarial. Dessa maneira, você não estará sujeita aos fluxos e refluxos da economia.

O impacto psicológico da dívida e dos gastos excessivos é terrível, pois provoca ansiedade, constrangimento e medo. Gastar menos do que você ganha lhe assegura o controle sobre suas finanças, o que, por sua vez, afeta positivamente seu bem-estar emocional. Além disso, inspira uma maravilhosa sensação de confiança e controle, o que lhe dá a liberdade emocional para desfrutar muito mais a vida.

É possível romper o círculo dos gastos excessivos. Ao criar alguns hábitos e algumas rotinas simples, facilmente você passará da situação em que gasta mais do que ganha para a realidade de assumir e manter o controle das suas finanças. No próximo capítulo, vamos apresentar seis hábitos financeiros inteligentes e mostrar-lhe como é fácil gastar menos do que você ganha.

Capítulo 3

Hábitos para uma vida equilibrada

Muitas pessoas enfrentam problemas financeiros, entre outros fatores, porque não aprenderam a lidar com finanças. A maioria não aprende sobre mexer com dinheiro nem na escola, nem com os pais. O lado positivo dessa situação é que você pode aprender. Simplesmente ao ler este livro, você já deu o primeiro passo para assumir o controle do seu dinheiro em vez de permitir que ele mantenha o controle sobre você.

Administrar bem suas finanças diárias é apenas uma questão de criar e manter hábitos e rotinas fiscais saudáveis. Com hábitos e rotinas, lidar com o dinheiro fica fácil. Há seis hábitos financeiros inteligentes básicos na essência deste livro. Esses hábitos são fáceis de ser colocados em prática, fáceis de manter e funcionam.

Hábito financeiro inteligente nº 1

Pague primeiro a si mesma

Praticamente todos os gurus das finanças pessoais concordam que pagar a si mesma em primeiro lugar é a ferramenta número um para uma gestão financeira bem-sucedida. É também o hábito que torna mais fácil seguir a regra de ouro e gastar menos do que você ganha.

Pagar primeiro a si mesma é o processo de assegurar, conscientemente, que você economize para seu futuro (tanto a longo prazo como a curto prazo) antes de gastar em qualquer outra coisa, incluindo suas contas. A maneira mais fácil de fazer isso é programar que o dinheiro seja retirado eletronicamente do seu salário e transferido para um plano de aposentadoria e uma conta de poupança para emergências. Esse processo automatiza seu caminho para o sucesso financeiro. Depois de estabelecido o processo e tendo sido alcançada a porcentagem de economia pretendida, a melhor parte desse hábito é sentar e ver seu dinheiro crescer.

Se não pagar primeiro a si mesma, sempre haverá alguma coisa com a qual você poderá gastar o dinheiro em vez de economizá-lo. Ao automatizar suas economias, você torna o processo indolor e fácil.

Quanto você deve economizar?

Em geral, os consultores financeiros recomendam uma meta de economia de 15% da sua renda. Esse é o valor máximo que você pode dispor na maioria dos planos de aposentadoria. Esse dinheiro é para sua aposentadoria. O objetivo é separar essas reservas, mantê-las intactas e deixá-las crescer.

E em relação àquela conta de poupança para emergências que você deveria ter? Durante o início do século XXI, o valor recomendado para esse fundo cresceu de uma quantia de três meses de salário ao equivalente a um ano de salário. O valor a ser separado para esse fundo deve ser baseado em sua situação pessoal. No mínimo, sua conta para emergências deve ter dinheiro suficiente para cobrir três meses de despesas básicas. Para além desse valor, cabe a você decidir.

Anos atrás, vimos uma citação maravilhosa da qual sempre lembramos:

"Economize 20% e gaste o resto com despreocupação."

Isso não soa maravilhoso? Qual seria o impacto emocional sobre você se soubesse que está sistematicamente economizando 20% da sua renda e que esse valor está crescendo exponencialmente a cada salário?

Acreditamos que 20% é uma meta sólida de poupança, sendo 15% para sua aposentadoria e 5% para sua conta de poupança para emergências. Uma vez que esse fundo de emergência tenha sido criado, você pode começar a economizar esse dinheiro em uma conta separada para comprar uma casa, trocar seu carro ou outras necessidades que possa ter.

Como é possível economizar 20%?

Se você estiver encontrando dificuldades para economizar alguma quantia hoje, esses 20% podem parecer um número exorbitante. Contudo, saiba que não esperamos que você comece a economizar todo esse valor logo de início.

Mesmo que você pudesse se desdobrar e começasse a guardar uma grande quantia de dinheiro neste instante, o mais provável é que conseguiria manter seu objetivo por uma semana, talvez um mês, mas em algum momento – exatamente como em um regime para emagrecer – você fracassaria. Em vez de ceder à compulsão de comer um *cheeseburguer* duplo, com uma porção grande de batatas fritas e refrigerante, você se entregaria a uma orgia de gastos. Então, vai pensar que não tem força de vontade, o que, na verdade, você tem, e ficar muito frustrada por querer economizar alguma coisa.

Para evitar essa situação, o melhor é estabelecer pequenas metas. Como sugere Robert Kiyosaki, autor de *Pai rico, pai pobre* (Campus, 2000), comece com um objetivo abaixo da sua capacidade, um objetivo pequeno que você sabe que vai ser capaz de atingir. Por exemplo, se você realmente deseja começar a economizar 100 reais a mais em cada salário:

- Comece economizando 50 reais a cada salário por alguns meses.
- Em seguida, procure economizar 70 reais a cada salário por mais alguns meses.
- Tão logo atingir esses dois primeiros objetivos, economizar 100 reais por mês será fácil.

Lembre-se: economize apenas o que você sabe que é capaz de economizar. Se você está sacando dinheiro da sua poupança com frequência, então não está economizando. Se você descobrir que está se afogando em sua conta, reduza em alguns reais a quantia que está economizando e, quando estiver pronta, poderá aumentar o valor novamente.

Dar prioridade à aposentadoria ou à poupança?

O que é mais importante: sua aposentadoria ou uma conta de poupança para emergências? Compreensivelmente, existe uma confusão quanto ao que priorizar. A resposta é: as duas. É imperativo começar a reservar dinheiro para seu futuro imediatamente. Também é urgente começar a poupar para uma eventual emergência.

Um plano de previdência é para que você possa desfrutar de uma aposentadoria confortável, por isso, se não investir nela de imediato, essa aposentadoria poderá não ser tão confortável como você gostaria. Ao mesmo tempo, sua conta para emergências está lá para socorrê-la no caso de crises inesperadas e pode precisar ser usada a qualquer momento. Se você está concentrando todo seu dinheiro em um plano de aposentadoria, a probabilidade de ter de usar seus cartões de crédito para resolver uma emergência aumenta, o que, imediatamente, vai levá-la a contrair dívidas. Concentre-se nas duas contas ao mesmo tempo.

Se sua empresa oferecer o benefício de investir, até um certo valor, a mesma quantia que você aplica em seu plano de aposentadoria, procure aplicar, pelo menos, esse valor para começar. Caso contrário, você não estará aproveitando ao máximo seu salário, mas deixando de ganhar dinheiro. Há duas coisas que você precisa lembrar a respeito dos planos de aposentadoria:

1. Você paga impostos futuros sobre o dinheiro que aplica, por isso é uma economia ainda maior.
2. Nunca é cedo demais para começar a investir em um plano de aposentadoria. Por causa da natureza dos juros compostos, a maior parte dos seus ganhos vem de seus primeiros depósitos.

Ao mesmo tempo, abra uma conta de poupança para emergências. Ainda que você possa guardar apenas 10 reais por mês, pelo menos, estará começando a praticar o hábito de poupar.

Quer chegar mais rápido àquela meta de 20%?

Da próxima vez que receber um aumento, coloque o valor total do reajuste em suas contas de poupança. Não caia na tentação de aumentar seus gastos. Você sabe que é capaz de viver do dinheiro que ganhava antes desse reajuste. Finja que não o recebeu e coloque o valor total em seu plano de aposentadoria e na conta de emergência. É uma maneira fácil de alcançar seu objetivo de poupança. Avalie a opção de dividir o valor do seu reajuste de maneira que 75% do dinheiro vá para seu plano de previdência e 25% para sua conta de emergência. (A divisão adequada dependerá da sua situação financeira pessoal.)

Se você receber um reajuste anual de 5% e colocar todo esse dinheiro na poupança, levará apenas quatro anos para economizar 20% do seu **salário inicial**.

Exemplo: salário inicial de 5 mil reais

Ano	5% do salário ($)	Novo salário ($)	Poupança ($)	% do salário original	% do novo salário
1	250	5.250	250	5	4,8
2	262,5	262,5	512,5	10,3	9,3
3	275,5	5.788	788	15,8	13,6
4	289,5	6.077,5	1.077,5	21,6	17,7
5	304	6.381,5	1.381,5	27,6	21,6

Em cinco anos, seu salário terá sido reajustado de 5 mil reais para 6.381,50 reais. Se você colocar todo esse reajuste em contas de poupança, estará economizando 1.381,50 reais, que é mais de 20% do seu novo salário.

Comece agora!

Se você ainda não tem uma conta de aposentadoria, abra uma agora! Fale com sua empresa e informe-se sobre o que você precisa fazer para adquirir um plano de previdência. É possível investir somente 1% do seu salário ou apenas 50 reais por mês na maioria dos planos, então, mãos à obra! Informe-se sobre as opções disponíveis.

Se você é autônomo ou profissional liberal, tem ao seu dispor uma variedade de opções de planos de aposentadoria. Entre em contato com um consultor de investimentos para adquirir um plano que melhor se adapte às suas necessidades. Se você não tem um consultor de investimentos, peça à sua família, aos amigos ou ao seu contador que lhe recomende um.

Em seguida, se você ainda não tem uma conta de poupança para emergências, entre em contato com seu banco e abra uma.

Observação: Sua conta de poupança para emergências deve ser separada de qualquer outra conta de poupança que você tiver. Se as contas estiverem integradas, você poderá ser tentada a "emprestar" dinheiro do seu fundo de emergência para cobrir outras despesas. Ou, pior ainda, poderá sacar esses recursos por acidente, o que poderá trazer terríveis consequências.

Estabeleça um prazo para criar cada uma dessas contas. Prometa a si mesma que vai abrir as duas antes do seu próximo pagamento. Se precisar de mais incentivo, diga a si mesma que você não pode gastar um centavo do próximo salário até que essas contas sejam criadas.

Seja a tartaruga

Para alcançar suas metas de poupança, o melhor é ir devagar, dando um pequeno passo de cada vez. Mesmo que você leve alguns meses para atingir seus objetivos iniciais de poupança, esse tempo é pequeno considerando o número de holerites que você receberá ao longo da sua carreira. Não se preocupe em fazer tudo de uma só vez. Para começar, criar e manter o hábito de economizar é a parte mais importante do processo. Mesmo que suas primeiras economias sejam mínimas, é melhor economizar alguma coisa do que nada.

Seja a tartaruga, não a lebre. Comparando mais uma vez com regimes para emagrecer, sabemos que dietas radicais não funcionam – o que você precisa é de uma mudança no seu estilo de vida. O compromisso de alcançar lenta e progressivamente seus objetivos é fácil e tem mais chances de dar certo.

Hábito financeiro inteligente nº 2

Monitore seus gastos

Alguma vez você já consultou o extrato da sua conta bancária para verificar o saldo e se desesperou ao perceber que havia gasto mais do que pensava? O hábito financeiro inteligente nº 2 consiste no processo de monitoramento dos seus gastos com o objetivo de evitar que você gaste demais sem se dar conta.

Conheci poucas pessoas que controlam completamente o total corrente das suas despesas. Eu mesma esqueço com facilidade que comprei um segundo pacote de ração para cachorro porque estava em oferta e que abasteci meu carro de combustível depois de visitar minha família no fim de semana, o que me deixou com menos dinheiro do que eu esperava ter em minha conta. Se eu não monitorar os meus gastos diariamente, é quase certeza de que vou gastar em excesso.

Para monitorar os meus gastos, uso uma simples planilha do Excel, configurada de maneira semelhante ao extrato bancário de uma conta-corrente.

Nº	Data	Transação	Débito (em reais)	Crédito (em reais)	Saldo (em reais)	X
	15/2	Salário		1.000,00	1.000,00	x
239	15/2	Supermercado	– 75,00		925,00	x

Todas as manhãs, abro a planilha e insiro os gastos relativos ao dia anterior. Então, faço o *login* no meu banco para consultar minha conta e verificar quais despesas já foram lançadas, marcando-as com um “x” na planilha. Essa verificação garante que eu não seja apanhada de surpresa por uma compra *on-line* que eu tenha feito ou um débito automático que eu possa ter esquecido.

Se eu não tomar cuidado e deixar que outras coisas atrapalhem esse hábito, será muito fácil gastar o que não deveria. Também gosto de manter esse monitoramento em dia porque, dessa maneira, gastarei apenas alguns minutos diariamente nessa atividade. Caso contrário, se eu esperar alguns dias, levarei mais tempo para atualizá-lo. Então, o meu instinto de procrastinar desaparece, transformando o hábito em uma tarefa rotineira.

Até se acostumar com essa prática, meu marido Paul se atrapalhava com as compras *on-line* que fazia. Essa situação acontecia com mais frequência quando ele encomendava um livro na Amazon. A prática da loja é só efetuar a cobrança após o envio do produto. Paul, então, só iria se lembrar da compra um mês depois, quando verificava *on-line* o saldo da sua conta e descobria que havia muito menos dinheiro do que ele esperava ter naquele momento. Então, via que a Amazon havia expedido seu livro e, ao mesmo tempo, mandado debitar o valor da sua conta. Ele só foi capaz de quebrar esse ciclo no momento em que passou a monitorar seus gastos.

No capítulo 11, vamos analisar mais detalhadamente diferentes maneiras de monitorar seus gastos, incluindo desde o simples registro de cheques até vários pacotes de *software* para gestão financeira.

Hábito financeiro inteligente nº 3

Pague todas as suas contas no dia em que receber o pagamento

De todos os hábitos financeiros inteligentes, este é um dos meus preferidos. Há algo de poderoso em relação a ele que faz eu me sentir no controle dos meus gastos e do meu tempo. O hábito financeiro inteligente nº 3 ensina a pagar todas as suas contas no dia do pagamento do seu salário, antes de gastar um centavo sequer em qualquer outra coisa. Até este ponto, você já automatizou suas economias, cuidando de pagar a si mesma antes de mais nada. Agora, chegou a hora de se concentrar no pagamento das suas contas.

Os benefícios de pagar suas contas no dia em que você recebe seu pagamento incluem:

- Garantia de que o dinheiro para pagar suas contas esteja disponível.
- A inexistência de multas por atraso, que é um dos maiores desperdícios de dinheiro.
- Melhoria da sua pontuação de crédito.*
- Paz de espírito por saber que suas contas estão pagas.

Pagar todas as suas contas no dia do pagamento é outro exemplo de como hábitos e rotinas tornam a gestão das suas finanças uma tarefa fácil. Nas primeiras vezes em que se propuser a implementar esse hábito, ele poderá lhe parecer um pouco custoso. Porém, depois de pegar o jeito, você vai realmente apreciar todo o processo, assim como a sensação de estar no controle que ele lhe dará.

Tornar o hábito um ritual vai ajudá-la a manter o processo simples e agradável.

- Antes do dia do pagamento do seu salário, certifique-se de que todas as suas contas estejam em um só lugar.
- Assegure-se de seguir o hábito financeiro inteligente nº 2 para sempre manter o controle dos seus gastos. Você não vai querer ter nenhuma surpresa desagradável no momento de pagar suas contas.
- Procure pagar suas contas logo de manhã, antes de outras atividades e com o mínimo de distração possível. Se você deixar para fazer os pagamentos mais tarde durante o dia, mais fácil será empurrar a obrigação para o dia seguinte.

Comida e combustível

Provavelmente, as duas coisas de que você mais precisa são comida e combustível. Assim, além de pagar suas contas no dia do pagamento, aproveite para

* No original *credit score*, um método amplamente usado nos Estados Unidos e em menor escala no Brasil para medir o risco que as instituições financeiras correm ao conceder crédito a uma pessoa. A pontuação representa o histórico financeiro de quem solicita crédito no mercado. (N. T.)

abastecer seu carro e sua despensa. Ao fazer essas compras no dia do pagamento ou o mais próximo possível do dia de pagamento, esses recursos essenciais estarão garantidos para você.

No capítulo 10, vamos falar sobre maneiras simples de planejar suas refeições e elaborar listas de supermercado, por isso não se sinta sobrecarregada agora com a ideia de comprar sua comida. A vantagem de comprar seus mantimentos e combustível no dia do pagamento é que, em um único dia, você dá conta de três das suas maiores tarefas semanais (ou quinzenais) e consegue obter os produtos que lhe são mais essenciais. Além disso, agora que suas contas estão pagas, o tanque do seu carro está cheio e sua despensa está repleta de mantimentos, você sabe exatamente quanto dinheiro tem para gastar. Que satisfação você vai sentir ao constatar que conseguiu dar conta de todas as responsabilidades importantes e que o dinheiro que sobrou é seu para gastar como quiser?

Por fim, no dia do pagamento, verifique em sua agenda eventuais despesas próximas, como aniversários, comemorações ou viagens. Mais adiante neste livro, vamos falar sobre como devemos nos planejar para essas despesas, mas tornar esse tipo checagem parte deste hábito vai salvá-la de surpresas desagradáveis de última hora.

Hábito financeiro inteligente nº 4

Estabeleça objetivos financeiros

O fato de estar lendo este livro sobre finanças pessoais significa que você, provavelmente, tem o desejo de comprar alguma coisa bem cara no futuro. Será uma casa, um carro novo ou as férias dos sonhos? Ou, quem sabe, o que realmente deseja é se concentrar em alcançar a segurança de ter de três a seis meses de salário reservados em sua conta de poupança para emergências. Seja qual for seu desejo, o processo de estabelecer um objetivo vai ajudá-la a se concentrar para atingir o que quer muito mais rápido do que imagina. É muito mais fácil realizar seus sonhos quando eles estão claramente definidos.

Sou *expert* em estabelecer objetivos e acredito que esse é um dos hábitos que mais ajudaram Paul e eu a conseguir as coisas que são importantes para nós, como viajar, abrir nossos negócios e reformar nossa casa.

Ao longo deste livro, vamos tratar da definição de objetivos e oferecer sugestões para você focar neles e alcançá-los. Para lhe dar um exemplo, vamos começar estabelecendo como objetivo guardar dinheiro suficiente para dar de entrada na compra de uma casa.

Seria fácil simplesmente determinar que você precisa de dinheiro para comprar uma casa. E é provável que, dentro de um certo período de tempo, você vai conseguir atingir esse objetivo. No entanto, existem maneiras de você ser muito mais proativa ao realizar esse objetivo.

Para começar, faça uma pequena pesquisa sobre o bairro em que você deseja morar e o preço das casas naquela área. Se possível, visite algumas casas em exposição para ter uma ideia clara de como são os imóveis nessa faixa de preço.

Se você encontrar uma ou duas casas que se encaixam em seus sonhos, tire algumas fotos. Embora seja provável que essas casas em particular não estejam disponíveis no momento em que você estiver pronta para comprá-las, você terá verdadeiras mensagens visuais para lembrá-la do seu objetivo final.

Em seguida, calcule exatamente quanto dinheiro você precisaria juntar para ter uma casa naquela faixa de preço. Fale com um corretor sobre os custos concretos da aquisição de um imóvel, incluindo comissões, impostos, seguro etc. Anote esse número e guarde-o.

Se você ainda não tiver uma conta de poupança destinada a esse objetivo, abra uma. Essa conta deve ser separada da sua poupança de emergência – embora, assim que você tiver atingido seu objetivo em relação à conta de emergência, poderá destinar o valor mensal que estava guardando com essa finalidade para a conta da casa.

Agora, recorra às mensagens visuais do seu objetivo. Isso ajudará a mantê-la no caminho certo. Coloque as fotos daquelas casas na porta da geladeira e ao lado do seu computador. Mais importante ainda, coloque uma foto pequena da sua casa dentro da carteira. Assim, toda vez que você for pegar seu cartão de débito ou de crédito para gastar em alguma coisa que não é tão importante para você, lá estará a mensagem visual para lembrá-la do que é mais importante do que tudo – sua casa. Você pode até mesmo dar um passo adiante e colar um lembrete com os dizeres "Minha Casa" em seu cartões de débito e de crédito. Toda vez que você quiser usar seus cartões, lá estará o aviso para lembrá-la e motivá-la novamente a economizar para comprar aquela casa.

Por fim, estabeleça uma data realista para alcançar seu objetivo. Tome cuidado para não dizer coisas do tipo "vou comprar a minha casa em dois anos". É muito fácil que esses "dois anos" sejam eternamente dois anos a partir de hoje. Em vez disso, seja mais precisa: "Em 30 de abril de 20__ vou dar entrada no pagamento da minha casa nova". Mesmo que você perca a data exata, estará muito mais perto do seu objetivo do que se não definir nenhuma data. E, quem sabe, você conseguirá alcançar esse objetivo muito mais rápido do que esperava!

Por fim, ao estabelecer objetivos, toda vez que você tiver um ganho inesperado, será fácil guardar esse dinheiro na conta de poupança do seu objetivo em vez de gastá-lo de alguma outra maneira. Mantenha-se focada.

Hábito financeiro inteligente nº 5

Saiba quando investir em uma boa compra

Nos últimos quarenta anos, nossa sociedade se tornou descartável. A disponibilidade de produtos baratos e descartáveis impera em toda parte. Hoje em dia, é muito fácil encontrar um produto mais barato. Entretanto, comprar sempre o produto mais barato pode lhe custar mais caro a longo prazo.

Assim, antes de comprar um produto, pense para o que precisa dele e quanto tempo quer que ele dure. Então, determine se é hora de investir em uma boa compra ou se o melhor é comprar o mais barato. Essa decisão se aplica tanto a uma peça de roupa quanto a uma máquina de lavar louça.

No caso de uma peça de roupa, se você decidir comprar uma blusa nova, terá duas escolhas. Você pode simplesmente ir a uma loja de moda descartável e investir uns 40 reais em uma blusa. Em geral, quando se trata de moda descartável, economiza-se nos custos de produção fabricando-se as peças tão rápido quanto possível, por isso o cuidado com detalhes, costura e acabamento nem sempre existe. É possível que seu investimento de 40 reais dure apenas uma estação. Se, durante essa estação, você usar doze vezes a blusa, o custo por uso será de 3,33 reais.

Por outro lado, se você for a uma loja mais cara e preferir gastar mais 40 reais, ou seja, uma blusa na faixa dos 80 reais, provavelmente o acabamento da peça será melhor, o que poderá fazê-la durar cinco anos ou mais. Se, durante esses cinco anos, você usar a blusa cem vezes, o custo por uso será de 0,80 centavos.

No capítulo 13, sobre compras inteligentes, vamos tratar deste tema com maior profundidade.

Hábito financeiro inteligente nº 6

Gaste dinheiro em coisas que você deseja

O hábito financeiro inteligente nº 6 é a prática de concentrar seus gastos nas coisas que você deseja, estando alinhado com a filosofia da vida financeira inteligente de economizar dinheiro nas coisas que não são tão importantes para você para que seja possível gastá-lo nas coisas que são mais importantes para você.

Ao fazer compras ou ao simplesmente nos ocupar com os problemas do nosso dia a dia, é muito fácil perder de vista as coisas que realmente desejamos. Lembre-se de que as agências de publicidade gastam milhões em pesquisas e estudos para descobrir maneiras de criar campanhas que nos farão abrir mão do nosso dinheiro. Sabendo disso, é muito mais fácil manter o foco.

Este hábito é mais praticado no momento em que você se aproxima de uma caixa registradora. Não importa em que tipo de loja você esteja, faça um rápido levantamento dos produtos que está levando para se certificar de que são as coisas que pretendia comprar e que realmente deseja. Se flagrar algum clandestino que tenha saltado para suas mãos, coloque-o de volta na prateleira. Mantenha-se focada e apenas gaste dinheiro com as coisas que você realmente deseja.

No capítulo 13, também vamos tratar do hábito de gastar dinheiro nas coisas que você deseja em maior detalhe, além de incluir uma série de ferramentas e ideias divertidas para mantê-la focada.

Leve o tempo que precisar

Levamos tempo para nos acostumar com novos hábitos, por isso não desista. Estudos mostram que uma atividade leva de 30 a 45 dias para se tornar um hábito. Com um pouco de empenho e tempo, os hábitos se tornarão rotina.

Capítulo 4

Você pode pagar

Pare! Pare de dizer que você "não pode pagar". O fato é que VOCÊ PODE.

- Se ganhasse mais dinheiro, você poderia.
- Se não tivesse as prestações do carro, você poderia.
- Se o pagamento do financiamento fosse menor, você poderia.

Pode haver limitações, mas você pode pagar por qualquer coisa! Ser capaz de pagar por aquilo que desejamos tem a ver com as escolhas que fazemos, seja essa escolha ganhar mais dinheiro ou reduzir seu custo de vida:

- Você escolheu trabalhar em uma profissão ganhando seu salário atual.
- Você escolheu comprar o carro que dirige.
- Você escolheu morar em sua casa atual.

A questão é que você está no comando do seu dinheiro. Entra dinheiro, sai dinheiro – é você quem toma as decisões.

Você não nasce com um sinal invisível em sua testa limitando a quantia de dinheiro que poderá ganhar ou de que maneira irá gastá-lo. Todos nós temos o poder de mudar as nossas circunstâncias, seja ganhar mais dinheiro ou gastar menos.

Neste capítulo, veremos:

- Como melhorar seu salário atual.
- Como aumentar sua renda.
- Como redirecionar seus gastos.
- Como mudar seu pensamento em relação ao dinheiro.

Seu salário atual

Entendo que pode haver circunstâncias que justifiquem o fato de você permanecer no emprego que tem atualmente. Talvez você tenha filhos para criar e esse trabalho lhe permite estar com eles em casa quando chegam da escola. Talvez esse seja o melhor emprego que você pode encontrar considerando suas qualificações atuais. Muitas vezes nos sentimos tão presas a essas circunstâncias que não conseguimos enxergar as oportunidades que estão ao nosso redor. O lado positivo dessa situação é que essas oportunidades estão ao nosso alcance.

Quando eu trabalhava como gerente administrativa, tive o prazer de conhecer Cesar, que era zelador do prédio. Cesar costumava me mostrar fotos dos seus dois filhos. Um dia, eu o vi na sala dos funcionários debruçado sobre um livro. Perguntei o que estava lendo e ele me disse que estava fazendo um curso noturno de ciência da computação. Ali estava um homem disposto a investir tempo para desenvolver as competências necessárias para conseguir um trabalho mais bem remunerado. Para isso, teve de sacrificar, por um certo período, algumas horas por semana com sua família, mas, ao mesmo tempo, ele estava ensinando aos seus filhos que todos nós temos controle sobre nosso futuro.

Outra maneira de ganhar mais dinheiro é pedir um aumento. Carla A. é uma das minhas amigas mais inteligentes financeiramente e, em especial, esperta quando se trata do seu salário. Antes de cada avaliação, ela faz uma longa lista das suas realizações desde sua avaliação anterior, apontando todos os benefícios que ela traz individualmente à empresa. Então, ela pede um reajuste e ainda indica ao seu chefe um valor específico. Esse hábito de assumir o controle proporcionou a Carla um aumento de salário constante e significativo ao longo dos anos.

Em seu livro *Mulheres, trabalho e a arte do* savoir faire*: Razão e sensibilidade nos negócios* (Campus, 2009), Mireille Guiliano descreve uma prática semelhante toda vez que ela era avaliada pelo fabricante de champanhe Veuve Clicquot. "Sempre me apresentei nas minhas próprias avaliações de salário com uma proposta cuidadosamente fundamentada no que eu acreditava que valia para a empresa".

Ninguém disse que você tem que ficar no emprego que tem atualmente. Se você não tem aquele entusiasmo pelo lugar onde trabalha, comece a procurar um novo emprego. E, mais uma vez, vá para a entrevista com um número. O importante é pedir o salário que você deseja. Não deixe essa tarefa para a empresa, esperando que ela ofereça o salário que você deseja.

Há mais que quarenta horas em uma semana

Outra opção é arranjar um segundo emprego. Quem disse que você tem de se limitar a trabalhar apenas quarenta horas por semana? Arranje um segundo trabalho que tenha relação com um passatempo que você adora. Transforme-o em um trabalho de que você realmente goste, assim ele nem parecerá um trabalho.

Há alguns anos, minha amiga Jannette me procurou para pedir uma orientação. Ela possuía uma dívida de mais de 100 mil dólares* em cartões de crédito, financiamento de automóvel e empréstimo estudantil e se sentia deprimida e desesperançada, sem saber o que fazer. Começamos a organizar suas finanças para que ela pudesse ver tudo muito claramente. Em seguida, elaboramos um plano que lhe permitiu pagar todas as suas contas, bem como reservar uma pequena quantia em uma conta de emergência e de aposentadoria. Esse processo de organização e planejamento a fez se sentir poderosa e no controle da sua vida. Então, ela decidiu que queria fazer mais.

Enfermeira de profissão, Jannette procurou e encontrou um segundo emprego na área, além do seu trabalho atual. Dessa maneira, de uma sobra de apenas 200 reais por mês, para além das despesas necessárias, ela passou a embolsar

---

* Valor equivalente a cerca de 200 mil reais. Parece muito para a realidade brasileira, mas nos Estados Unidos é possível. (N. E.)

mais de 3.000 reais extras todo mês. Ela se empenhou ao máximo e, com firme determinação, está pagando sua dívida e aumentando suas economias. Ao mesmo tempo, ainda lhe sobra bastante dinheiro para se divertir. Sempre conto a história de Jannette em nossos seminários, pois ela é o exemplo perfeito de uma pessoa que assumiu o controle da própria vida.

Outra boa história de alguém que fez o que era preciso é contada no livro de Jack Canfield, *Os princípios do sucesso* (Sextante, 2007). Trata-se de Debbie Macomber, que sonhava em se tornar escritora, apesar de ser disléxica e ter apenas o ensino médio. Todas as manhãs, depois que seus quatro filhos saíam para a escola, essa mãe que ficava em casa pegava sua máquina de escrever alugada e começava a trabalhar. Quando seu marido e seus filhos chegavam em casa, ela retirava a máquina de escrever da mesa da cozinha e preparava o jantar. Mais tarde, quando as crianças iam para a cama, ela retomava seu trabalho na máquina de escrever. Foi assim durante dois anos e meio.

Uma noite, seu marido Wayne lhe disse que o dinheiro estava ficando muito curto e que, se quisessem sobreviver, ela precisava arrumar um emprego. Percebendo como já era difícil encontrar tempo suficiente para escrever, ela sabia que não poderia ter um trabalho em tempo integral e terminar o livro ao mesmo tempo. Querendo o melhor para sua família, ela ficou acordada pensando em desistir do seu sonho. Sentindo o desespero da sua mulher, Wayne perguntou qual era o problema que a afligia e ela explicou o quanto acreditava que poderia dar certo como escritora. A resposta do seu marido foi: "Tudo bem, querida, vá atrás do seu sonho". Então, toda a família se desdobrou para economizar o máximo de dinheiro possível: abrindo mão das férias, contando moedas e usando roupas de segunda mão por mais dois anos e meio.

O sacrifício e a persistência de Debbie e sua família valeram a pena. Em 1984, seu livro *Heartsong* [Canção do coração] foi publicado. Desde então, escreveu mais de 150 livros. Seu marido Wayne se aposentou aos 50 anos de idade e passa seu tempo construindo um avião no porão da mansão de 650 metros quadrados da família. Debbie e Wayne também ensinaram aos seus filhos a importante lição de que, com foco e trabalho duro, você será capaz de transformar seus sonhos em realidade.

No capítulo 2, comentei o caso de uma ex-colega que preferiu ficar em um emprego que a fazia infeliz porque ela não estava disposta a diminuir seu padrão de vida. Foi a escolha que ela fez. Para ela, era mais importante dirigir uma Mercedes e gastar mil dólares em roupas por mês do que ser feliz no trabalho.

Por outro lado, minha amiga Sue tem o que ela chama de conta "Está na hora de partir". Tendo formado seu fundo de emergência anos atrás, ela criou essa nova conta para os momentos em que percebe que não gosta mais do seu emprego. Seu fundo "Está na hora de partir" permite que ela deixe o emprego quando quiser, em vez de ter de esperar até encontrar uma nova posição.

Mude seus gastos

As prestações do seu carro estão acabando com suas finanças? E você nem morre mais de amores por ele? Se for possível vendê-lo sem perdas, então, venda-o! Venda seu carro e invista o dinheiro em um veículo usado em bom estado. Você não é obrigada a ficar com esse carro em particular.

O mesmo se aplica à sua casa. Seja alugada ou própria, você não precisa morar em uma casa de determinado tamanho em um determinado bairro. Isso é muito mais fácil de fazer se você morar em um imóvel alugado, no entanto, se a casa for própria, avalie a possibilidade de mudar para um imóvel menor e converse com um especialista em finanças para saber se essa é uma boa decisão para você.

Minha amiga Sally comprou uma casa que precisava de reformas em novembro de 2008. Ela admite ter sido ingênua em relação a toda uma situação financeira que o negócio representava, deixando de considerar impostos, contas de serviços públicos mais altas e um enorme problema de encanamento. Em maio de 2009, ela estava "despindo um santo para vestir outro".

Infelizmente, isso aconteceu no auge da recessão norte-americana e ela se sentia presa a uma armadilha. Contudo, em vez de entrar em pânico, ela elaborou um plano, começando por cortar todas as despesas não necessárias e manter o controle das suas contas dentro do melhor possível. Ela investiu muito trabalho na casa e a colocou no mercado oito meses depois de tê-la comprado. Por causa do trabalho que colocou na casa, ela conseguiu vendê-la e, realmente, obter lucro. Sally foi bastante inteligente para reconhecer imediatamente que estava em uma situação difícil e entrou em ação! De fato, essa atitude lhe rendeu um lucro de 160 mil reais em um período de crise econômica, o que lhe permitiu quitar todas as dívidas e sair livre e mais experiente da situação.

Minha amiga Carla S., mãe de duas meninas lindas, trabalhava em tempo integral. Quando suas filhas atingiram as idades de 3 e 4 anos, ela decidiu que queria passar mais tempo com elas e começou a pensar em trabalhar apenas meio período. Ela e seu marido sempre lidavam com seu dinheiro de maneira inteligente, elevando ao máximo as contribuições para a aposentadoria e sistematicamente depositando dinheiro em sua conta de poupança de emergência. Entretanto, sabiam que havia outras maneiras de economizar. Então, ela me pediu para orientá-la a reduzir a conta do supermercado e sugerir outras maneiras de gastar menos. Com apenas algumas adaptações, eles conseguiram ajustar seus gastos e Carla passou a trabalhar por meio período, sem ter de fazer grandes sacrifícios. O tempo extra também deu a Carla a oportunidade de trabalhar três horas por semana em sua academia em troca de aulas de ioga gratuitas e ilimitadas. Nessa troca de tempo por ioga, Carla economizou 360 reais por mês.

Os exemplos acima são de pessoas que ou se encontravam em uma situação financeira difícil, ou resolveram que queriam mais e, por isso, arregaçaram as mangas para mudar sua vida. Algumas dessas ideias podem parecer extremas, tirando você da sua zona de conforto. As ideias parecem extremas porque seus vizinhos não estão colocando essas coisas em prática. E isso é bom. Imitar os outros é um hábito perigoso. Além disso, não seria melhor você traçar seu próprio caminho do que seguir o deles? Se você estiver realmente infeliz com sua situação financeira e quiser mais, esteja disposta a fazer o que for preciso. Esteja disposta a trabalhar pelo que deseja e seja criativa!

Observe que não estamos dizendo que você merece todo o dinheiro que deseja, ou que tudo o que você precisa fazer é desejar e seus sonhos se realizarão. Em cada exemplo que mostramos, as pessoas trabalharam para alcançar o que queriam. O que estamos dizendo é que você está no controle da sua vida e que é você quem faz as escolhas que lhe trarão o sucesso. Pode levar tempo e trabalho, mas você pode mudar sua situação.

Dinheiro e atitude

Sua atitude em relação ao dinheiro provoca um enorme impacto em sua felicidade e seu sucesso financeiro. Está certo querer uma casa nova. Está certo querer um carro novo. Está certo querer um armário repleto de roupas que ficam bem em você. Está certo querer viajar pelo mundo. O que *não* está certo é reclamar do que você não tem. Reclamar é um desperdício de energia. Drena sua força e a daqueles que estão ao seu redor. Em vez de reclamar, concentre-se em estabelecer objetivos para que possa alcançar o que deseja. Como dissemos anteriormente, você pode pagar por qualquer coisa. É apenas uma questão de fazer o que é preciso para alcançar esses objetivos.

Tudo na vida tem a ver com escolhas e controle. Se você realmente deseja uma coisa, faça dela uma prioridade em sua vida e elabore um plano para alcançá-la. Se você tentar alcançar o que deseja, terá, de fato, uma boa chance de consegui-lo. Se você não tentar alcançar seus sonhos, é quase certeza de que não conseguirá realizá-los.

Ao trabalhar em direção aos seus objetivos, o processo de se pôr em ação lhe dará o gosto de tomar e ter o controle sobre sua vida. Ao começar a atingir seus objetivos menores, você vai perceber que seus objetivos maiores também estão ao seu alcance.

O risco de estabelecer objetivos é que eles podem deixá-la cega para as alegrias do presente. Uma ex-colega minha tinha uma peculiaridade que, assim que a percebi, partiu meu coração. Não importava o que comprava ou alcançava, ela nunca estava satisfeita ou feliz. Ela não era, necessariamente, uma compradora compulsiva. Se alguma coisa que queria estivesse em uma faixa de preço fora do seu alcance, ela não comprava. Tendo se livrado de dívidas duas vezes no passado, ela administrava bem suas economias para alcançar seu objetivo. Contudo, nesse meio tempo, ela se mantinha obcecada por ele. O objeto do seu desejo passava a consumi-la, tornando-se a única coisa em que pensava ou sobre a qual falava até que pudesse, por fim, comprá-la. Infelizmente, ela se sentia feliz por apenas um ou dois dias e, depois, outra coisa atraía sua atenção, levando-a de volta ao mesmo comportamento obsessivo. Era como se ela não tivesse a capacidade de relaxar e aproveitar o que já possuía.

Ela me ensinou uma lição muito importante: existe um equilíbrio entre lutar por um objetivo e se sentir feliz com o que você já tem. Concentrar-se apenas em seus objetivos torna difícil apreciar onde você está hoje. Por outro lado, ser complacente com o que você já tem torna difícil encontrar motivação para trabalhar em direção a seus objetivos. Nesse equilíbrio, encontramos a felicidade e a realização pessoal.

Valorização

Um aspecto fundamental para viver uma vida financeira inteligente é valorizar e cuidar das coisas que você já possui. Se seu objetivo é comprar um carro novo e, até alcançá-lo, você está dirigindo um carro velho, mantenha-o limpo e cuide da sua manutenção. Cuidar do que você já possui irá ajudá-la a aproveitar melhor o tempo que levará para atingir seu objetivo. Além disso, ajudará a fazer seu investimento inicial (neste caso, o carro antigo) durar o máximo de tempo possível.

O mesmo vale para sua casa. Você pode não gostar do lugar em que mora, mas manter sua casa limpa e bem cuidada vai ajudá-la a gostar dela um pouco mais, enquanto você trabalha para realizar seu objetivo de comprar um imóvel novo.

Cuidar do que você tem se aplica a todas as coisas da sua vida: suas roupas, eletrodomésticos, computadores, aparelhos eletrônicos e móveis. Cuide e valorize o que você já possui e estabeleça objetivos para alcançar seus desejos. Embora seja importante sonhar, não caia na armadilha de viver apenas para o amanhã. Faça o que puder para desfrutar a vida hoje.

Capítulo 5

Com o que gastamos nosso dinheiro

Como vimos no início deste livro, o dinheiro afeta todas as áreas das nossas vidas. Gastamos dinheiro para comer e morar. Gastamos dinheiro para nos vestir e para curtir nosso tempo livre. O que gastamos ou economizamos em uma determinada área afeta o quanto sobra para gastar em outras áreas. Um exemplo dessa interdependência acontece quando você pede uma pizza em uma noite porque está muito cansada para cozinhar. Essa opção afeta diretamente o que sobrará de dinheiro para aquela viagem de fim de semana que você havia planejado.

Os próximos seis capítulos tratam das diferentes áreas das nossas vidas que são mais afetadas por nossas finanças. Além de oferecer muitas ideias para economizar dinheiro, cada capítulo vai ajudá-la a refletir sobre sua própria vida e a definir em que você quer concentrar seus gastos e em que deseja economizar.

Capítulo 6 – A casa: Sua casa deve ser um lugar de refúgio, um paraíso. Deve ser o lugar no qual você se sente mais à vontade. Da limpeza e manutenção à decoração, neste capítulo você vai encontrar maneiras de criar, com pouco dinheiro, um santuário pessoal com sua cara.

Capítulo 7 – Lazer e diversão: Descanso e relaxamento são necessidades da vida. Aproveite ainda mais seu tempo de folga do trabalho gastando com inteligência. Esse capítulo traz uma série de sugestões para economizar em viagens, lazer e diversão. Descubra o que é divertimento e relaxante para você e saiba como ter alegria com um orçamento razoável.

Capítulo 8 – O guarda-roupa: Esse capítulo ensina como criar um guarda-roupa repleto, exclusivamente, de peças que fazem você ficar e se sentir maravilhosa. Nosso objetivo é torná-la capaz de usar, com regularidade, 80% das roupas que estão no seu armário, em não apenas os 20% que, em geral, você usa. Nesse capítulo, você vai aprender a comprar peças adequadas ao seu tipo físico e a escolher roupas que realmente vai usar, procurando ser muito cuidadosa em relação ao que leva para casa.

Capítulo 9 – Beleza: É muito fácil ir à falência por causa dos gastos com os cuidados com a pele e com os cabelos e com cosméticos. Esse capítulo traz informações retiradas de entrevistas com maquiadores e cabeleireiros que oferecem dicas e ideias para economizar dinheiro.

Capítulo 10 – Alimentação: Preparar suas próprias refeições em casa é uma das maneiras mais eficientes de economizar dinheiro. A comida é parte essencial das nossas tradições, da cultura e das comemorações. O alimento deve ser saboreado como em um ritual, e não simplesmente engolido em nome da frugalidade. Esse capítulo oferece noções básicas sobre culinária e gestão da cozinha para ajudá-la a desfrutar de pratos deliciosos e a economizar dinheiro, além de proporcionar uma experiência nutritiva.

Capítulo 11 – Dinheiro: O volume de informações disponíveis sobre finanças pessoais é enorme. No capítulo 3, discutimos os seis hábitos e rotinas que são a solução para administrar suas finanças com sucesso. Esse capítulo aborda outros aspectos das finanças pessoais que são fundamentais para seu sucesso financeiro, como métodos de organização para suas finanças, diferentes maneiras para pagar as dívidas e o poder de antecipação.

Nos próximos seis capítulos, a filosofia da vida financeira inteligente vai tomar forma de verdade. Todos nós temos prioridades diferentes, e essas prioridades podem mudar ao longo da nossa vida. À medida que analisarmos cada uma dessas áreas, aproveite para refletir sobre sua própria vida e para definir o que é mais importante para você, assim, poderá concentrar seus gastos aí. Em seguida, identifique em que você pode economizar dinheiro em áreas que não são importantes para você.

Tenha em mente que este não é um processo do tipo ou tudo ou nada. Você não tem de se dedicar a uma determinada área da sua vida, como seu guarda-roupa. Se as roupas são importantes para você, isso não significa que você precisa gastar até seu último centavo com elas. Esse tipo de comportamento iria prejudicar seu equilíbrio. No entanto, se as roupas são importantes para você, provavelmente vai querer concentrar mais dinheiro e atenção em seu guarda-roupa e, talvez, trabalhar duro para economizar dinheiro em alimentação.

Está pronta? Esta é a parte divertida!

Capítulo 6

A casa

Neste capítulo, veremos:

- O efeito negativo da desorganização.
- Como estabelecer uma rotina simples de limpeza e arrumação.
- Como elaborar um guia de administração da casa.
- Como criar uma casa que é o reflexo da sua personalidade.
- Como cuidar das coisas que você já possui.

A história de Melissa

Por muitos anos, não consegui relaxar em minha própria casa. Tudo era tão caótico que eu me sentia em constante tensão. Cada cômodo era um lembrete de toda a limpeza e organização que eu precisava fazer – limpeza e organização que nunca eram concluídas. Sentia minha energia se esvaindo e o estresse e o cansaço se intensificando. Eu me sentia tão frustrada que o único momento em que conseguia relaxar era quando me hospedava em um hotel durante as minhas férias. E costumava me perguntar: "Eu não deveria ser capaz de relaxar em minha própria casa?".

No fundo, eu sabia que aquela desorganização também era um indicador de que a minha vida financeira não estava em ordem. Sim, eu estava pagando as minhas contas em dia e não tinha dívidas, mas não estava administrando bem o meu dinheiro. Eu comprava roupas que ficavam nas sacolas em cima do sofá por uma semana. Se realmente queria aquelas peças, eu deveria pendurá-las no armário logo que chegasse em casa. A desordem não me permitia encontrar a graxa preta de sapato que eu precisava, por isso, eu tinha de comprar outra. Como era de se esperar, no dia seguinte eu acabava encontrando não apenas a lata que eu procurava, mas também as outras duas que eu havia comprado pela mesma razão.

Parece dramático, mas eu, literalmente, entrava em desespero sempre que alguém batia na porta. A mãe de Paul era uma das mulheres mais organizadas e limpas que eu já conheci. Várias vezes, ela flagrou a minha casa em estado constrangedor. Eu vivia pedindo desculpas aos meus amigos pela condição da nossa casa, mas, depois de um tempo, eu não conseguia mais fingir que era uma situação passageira.

Quando Paul e eu recebíamos em casa, eu me lançava a uma verdadeira maratona de limpeza antes da recepção. No momento em que os nossos convidados chegavam, eu já estava exausta e um pouco mal-humorada. Tinha de haver uma maneira mais adequada de lidar com o problema.

O lado triste da situação é que gosto de cuidar da casa de verdade. Quando era menina em Fresno, minhas tarefas incluíam varrer, limpar o chão e passar o aspirador de pó. Lia cada edição da revista da Martha Stewart de capa a capa e a minha estante estava repleta de livros sobre administração e organização doméstica, como o *Mrs. Beeton's book of household management* [O livro de administração do lar da Sra. Beeton]. Eu sabia como limpar a casa, mas simplesmente não conseguia dar conta da limpeza e manter a casa arrumada e organizada.

Finalmente, a situação chegou ao seu limite, então, resolvi tirar alguns dias de folga do trabalho para me concentrar no problema. Na semana anterior à minha grande transformação, eu estava ansiosa e entusiasmada com a ideia de arrumar e limpar. Até cancelei minha agenda da noite anterior ao primeiro dia daquelas férias para que pudesse estar preparada. Eu comparava o meu projeto de limpeza ao programa de televisão *Extreme makeover* de reforma e redecoração de casas, que estava se tornando muito conhecido na época. Eu sabia que o trabalho seria árduo, mas, no fim daquela semana, minha casa estaria transformada em um retiro zen como em um passe de mágica.

Quando cheguei em casa naquele dia, troquei de roupa, arregacei as mangas e imediatamente... me senti deprimida e comecei a chorar. Eu não sabia por onde começar. Depois de meia hora, inventei a desculpa de que eu precisava de caixas de plástico para organizar as minhas coisas e saí de casa. Voltei só depois das 9 horas da noite, simplesmente porque não conseguia enfrentar a situação. Acabei gastando uma quantia absurda de dinheiro levando mais coisas para a minha casa – as caixas de plástico. Afinal de contas, desperdicei meus dias de férias sem ter realizado nada, a não ser o fato de que a minha depressão aumentou. Na segunda-feira seguinte, descobri a FlyLady.

Marla Cilley, conhecida como FlyLady, é a criadora do site Flylady.net, que oferece orientação para organizar sua casa e, em última análise, sua vida. Ela divide o processo de arrumar e limpar em pequenos passos, fáceis de administrar, que está em oposição direta com a minha estratégia "dar conta de tudo em um longo fim de semana".*

Quando passei a seguir o processo de arrumação da FlyLady, comecei a me sentir dona da minha casa de uma maneira que nunca havia sentido antes. Quando a bagunça foi embora, comecei a me sentir no controle da nossa casa. Um dos resultados quase imediatos desse processo é que me tornei muito consciente do que eu levava para casa. Passei a ser extremamente seletiva em relação ao que comprar, somente adquirindo os itens pelos quais me apaixonava e que refletiam a minha personalidade. Eu não fazia ideia de quanto dinheiro estava gastando em coisas compradas ao acaso para a casa. Ser tão seletiva trouxe como efeito colateral um imediato impacto positivo sobre as nossas finanças.

Livre-se da bagunça: esse é o segredo

Como você pode ver pela minha própria experiência pessoal, a desorganização é cara, bem como física e emocionalmente desgastante. A bagunça esconde as coisas que você já comprou e, por isso, tem de comprá-las novamente. A bagunça obriga-a a

---

* No Brasil, há o blog www.vidaorganizada.com.br. Nele a publicitária Thais Godinho compartilha dicas de organização, limpeza e cuidados com a vida em geral. Vale a pena dar uma conferida. (N. E.)

comprar caixas organizadoras para você ter um lugar onde colocá-la – e para que, assim, você possa comprar ainda mais bagunça. É um ciclo vicioso.

A desorganização pode fazer você pensar que precisa de uma casa maior. Mudar é muito caro e casas maiores significam dívidas maiores. A bagunça, tanto quanto um peixe-dourado, cresce de acordo com o tamanho do seu ambiente. Quanto tempo levará até que você pense que precisa de uma casa ainda maior?

A bagunça nos obriga a alugar guarda-volumes ou guarda-móveis. O problema com esse tipo de armazenamento é que você só pensa nas coisas que estão ali guardadas uma vez por mês, na hora de pagar o aluguel. Depois de mudar de uma casa para um apartamento, meu amigo Gary pagou 420 reais por mês durante cinco anos para guardar suas coisas. Quando, finalmente, voltou a morar em uma casa e foi buscar tudo o que estava armazenado, ele decidiu examinar seus pertences antes de levá-los para casa. De tudo o que havia guardado, ele só levou para casa um armário-arquivo de documentos e duas caixas de fotos. O resto, ele não queria mais. No fim, Gary pagou 25.200 reais para armazenar um arquivo, algumas fotos e o que ele considerou como bagunça.

Você tem o poder de vencer a bagunça. Seja adotando o sistema da FlyLady, seja enfrentando a desorganização do seu próprio jeito, você pode derrotá-la. Comece organizando uma pilha, uma caixa, uma gaveta de cada vez. Com uma estratégia firme e sistemática, sua casa estará livre da bagunça.

Mantenha-a limpa

Investir em decoração, pintar as paredes e comprar móveis novos não terão um impacto visual positivo se sua casa não estiver limpa. Voltar todos os dias para uma casa limpa lhe trará uma sensação de serenidade para apreciar muito mais aquela parede recém-pintada ou um objeto ou peça de mobiliário novos.

Manter uma casa limpa também ajuda a economizar dinheiro. Quando a cozinha está limpa e livre de pratos sujos na pia, é muito mais convidativo cozinhar. Quando sua casa está limpa, é muito mais gostoso ficar em casa; assim, a vontade de sair e, em última análise, gastar mais dinheiro não é tão forte.

Acredito que a minha luta para manter minha casa limpa é semelhante à de outras pessoas. Embora sejamos capazes de compreender a mecânica de varrer e esfregar, é a falta de uma rotina que nos deixa em uma situação difícil. Se o meu chão estava apenas um pouco sujo, eu não me preocupava em limpá-lo. Era quase como se, primeiro, tivessem de se tornar um perigo biológico para ganhar a minha atenção. Até esse momento, o resto da casa também estaria naquele estado, por isso eu ficava sobrecarregada.

Assim que a bagunça foi eliminada, o processo de criar e implementar uma rotina de limpeza me devolveu, de fato, o controle sobre a minha casa. O segredo consistiu em lidar com pequenas porções de sujeira antes de se tornarem maiores. O site de FlyLady é um recurso maravilhoso para criar essas rotinas, mas há muitos outros. Digite "limpeza da casa" no mecanismo de busca da do Google e você encontrará mais de 205 mil resultados. Da mesma maneira que administrar suas finanças, administrar sua casa com sucesso é uma questão de criar hábitos e rotinas.

Como vimos no capítulo 3, sobre hábitos financeiros inteligentes, não consigo ter de cabeça o total disponível em minha conta-corrente. Meu cérebro, simplesmente, não funciona dessa maneira. Por isso, tenho que manter o controle de tudo no papel. Também encontro dificuldades para controlar a limpeza da nossa casa se eu não mantiver uma lista dos meus hábitos e rotinas. Se procuro manter tudo na minha cabeça, fico sobrecarregada.

Assim, com base no sistema da FlyLady, elaborei um guia de administração da casa que mantenho em minha agenda. No guia, relacionei todas as coisas sobre as quais quero ter controle diário, semanal e mensal. Em vez de ter que pensar sobre o que precisa ser feito, apenas consulto a minha lista e começo a trabalhar.

Hábitos diários

- Lavar a louça.
- Recolher o lixo e separar materiais para reciclagem, quando necessário.
- Focar em apenas um projeto de cada vez.

- Melissa faz de 10 a 15 minutos de trabalho doméstico toda manhã.
- Paul lava a maioria das roupas e faz, pelo menos, uma outra tarefa todos os dias.
- Dante organiza seus brinquedos no final do dia.

Lista de limpeza semanal

- Segunda-feira – Varrer e esfregar o chão.
- Terça-feira – Colocar o lixo para fora.
- Quarta-feira – Lavar os pratos do cachorro.
- Quinta-feira – Tirar o pó e passar o aspirador.
- Sexta-feira – Lavar os banheiros.
- Fim de semana – Lavar a roupa de cama.

Hábitos mensais divididos por semana

Semana 1

Entrada, sala de estar e sala de jantar

Entrada

- Varrer o chão.
- Limpar as arandelas.
- Retirar as teias de aranha.

Sala de estar

- Arrumar a estante.
- Tirar o pó de bibelôs, enfeites e objetos.
- Limpar e arrumar as revistas.
- Limpar debaixo das almofadas do sofá.
- Retirar as teias de aranha.
- Lustrar os móveis.
- Limpar as marcas de dedo das paredes e dos espelhos de luz.
- Limpar as janelas e os batentes.
- Tirar o pó dos rodapés.

Sala de jantar

- Tirar o pó da mesa e das cadeiras.
- Limpar o telefone.
- Retirar as teias de aranha.
- Lustrar os móveis.
- Limpar as marcas de dedo das paredes e dos espelhos de luz.
- Limpar as janelas e os batentes.
- Tirar o pó dos rodapés.

Semana 2

Cozinha e lavanderia

Cozinha

- Esvaziar a geladeira e limpar completamente por dentro e por fora.
- Limpar o micro-ondas por dentro e por fora.
- Limpar o fogão e o forno.
- Arrumar gavetas e armários – organizar a bagunça, se necessário.
- Limpar debaixo dos armários e a lava-louças.
- Limpar debaixo da pia.
- Retirar as teias de aranha.
- Limpar as marcas de dedo das paredes e dos espelhos de luz.
- Limpar as janelas e os batentes.
- Tirar o pó dos rodapés.

Lavanderia

- Limpar a parte superior e as laterais da lavadora e da secadora de roupas.
- Varrer e limpar atrás dos aparelhos.
- Retirar as teias de aranha.
- Limpar as marcas de dedo das paredes e dos espelhos de luz.
- Limpar as janelas e os batentes.
- Tirar o pó dos rodapés.

Semana 3

Banheiro e quarto do Dante

Banheiro

- Limpar bem a louça.
- Lavar o boxe.
- Limpar a gaveta dos remédios.
- Limpar o espelho.
- Limpar a balança.
- Lavar os brinquedos de banho do Dante na lava-louças.
- Retirar as teias de aranha.
- Limpar as marcas de dedo das paredes e dos espelhos de luz.
- Limpar as janelas e os batentes.
- Tirar o pó dos rodapés.

Quarto do Dante

- Arrumar gavetas e armários.
- Virar o colchão.
- Organizar os brinquedos.
- Limpar debaixo da cama.
- Separar para doação as roupas que não servem mais.
- Retirar as teias de aranha.
- Lustrar os móveis.
- Limpar as marcas de dedo das paredes e dos espelhos de luz.
- Limpar as janelas e os batentes.
- Tirar o pó dos rodapés.

Semana 4

Quarto de casal e escritório

Quarto de casal

- Lavar a colcha e a saia da cama.
- Arrumar a estante.

- Limpar debaixo da cama.
- Arrumar o armário.
- Retirar as teias de aranha.
- Lustrar os móveis.
- Limpar as marcas de dedo das paredes e dos espelhos de luz.
- Limpar as janelas e os batentes.
- Tirar o pó dos rodapés.

Escritório

- Limpar e arrumar a mesa.
- Arrumar uma gaveta de cada vez.
- Limpar a tela do monitor.
- Retirar as teias de aranha.
- Lustrar os móveis.
- Limpar as marcas de dedo das paredes e dos espelhos de luz.
- Limpar as janelas e os batentes.
- Tirar o pó dos rodapés.

Eu, é claro, não dou conta de todas as tarefas todo dia, toda semana ou todo mês, mas, mesmo realizando apenas algumas delas, consigo manter o controle da casa. Mais importante ainda, quando vejo que tenho cinco ou dez minutos de tempo livre, simplesmente consulto a lista e escolho uma tarefa para pôr em dia, em vez de ficar pensando no que eu poderia fazer. A lista me permite automatizar o processo. Quanto mais hábitos e rotinas eu crio, mais liberdade tenho para usar meu tempo livre.

Você pode, facilmente, elaborar seu próprio guia de administração da casa. Comece definindo as rotinas de limpeza mais adequadas para sua casa. Você pode se inspirar nas ideias acima ou visite o site FlyLady para consultar uma lista completa de serviços domésticos. Depois de personalizar sua lista de rotinas de limpeza, você poderá acrescentar ao guia outros itens relacionados à casa.

Seu guia de administração da casa é um ótimo lugar para incluir uma lista de projetos para a casa. Trata-se de uma lista com todas as coisas que você deseja realizar em sua casa, como trocar os azulejos do banheiro, substituir os filtros do aparelho de ar-condicionado ou instalar uma nova arandela na entrada. O interessante de uma lista de projetos para a casa é que, como seu guia de administração da casa, ela torna possível reunir todos os seus projetos e ideias em um só lugar, tirando-os da sua cabeça. A partir daí, você poderá determinar suas prioridades.

Comece relacionando tudo o que você gostaria de realizar em sua casa durante o próximo ano. Inclua tanto os grandes como os pequenos projetos. Em seguida, calcule quanto cada projeto custará. Depois, procure estimar quanto tempo cada projeto levará para ser concluído. Para os grandes projetos, o melhor é dividi-los em partes menores, pois, dessa maneira, serão mais fáceis de administrar. Você pode, então, classificar cada item da sua lista com base em três conceitos: prioridade, custo e tempo disponível.

Por exemplo, uma torneira pingando vai ser sua maior prioridade. É importante cuidar desse projeto primeiro. A partir daí, você pode definir suas tarefas tomando como base o tempo e o dinheiro disponíveis. Se você vai ficar em casa no fim de semana e está com vontade de colocar uma ideia em prática, basta consultar sua lista. Pense em quanto tempo e dinheiro você tem para dedicar a essa atividade e, então, escolha um projeto. Esse sistema de administração de projetos torna a aplicação do seu tempo e do seu dinheiro bem mais eficiente. É incrível como seus projetos podem ser realizados mais rapidamente com esse tipo de organização.

Uma observação – Paul e eu descobrimos que, se comprarmos os materiais de que precisamos para realizar um projeto na sexta-feira à noite, os nossos projetos são concluídos de maneira muito mais rápida no fim de semana, porque podemos começar o trabalho logo no início do dia seguinte. Se, por alguma razão, tivermos de esperar para ir até as lojas no sábado de manhã, os projetos sempre parecem levar o dobro do tempo para ficar prontos. Independentemente de ser impressão ou realidade, fazer as compras com antecedência é uma das nossas ferramentas favoritas para economizar tempo.

Ao elaborar seu guia de administração da casa, é preciso também considerar outros aspectos, como incluir informações sobre a garantia e os endereços de assistências técnicas dos seus eletrodomésticos, aparelhos eletrônicos e equipamentos de informática. Você também pode manter uma lista com os telefones de contatos importantes. Se já perdeu seu celular, sabe como é importante não manter todos os seus números de telefone apenas em meio eletrônico. É bom ter uma cópia dos seus contatos em papel e o lugar inteligente para mantê-la é seu guia de administração da casa.

O seu guia é muito pessoal, por isso você pode incluir nele qualquer coisa que considerar importante. O segredo é mantê-lo em um lugar visível e de fácil acesso para garantir que você irá usá-lo.

Decorar é um estado de espírito

Neste livro, não vamos abordar a decoração da casa em profundidade. Existem centenas de ótimos livros e recursos gratuitos na internet que podem lhe oferecer informações detalhadas sobre os conceitos da área. Aqui, preferimos discutir maneiras de personalizar sua casa.

O que mais observo em relação à decoração de ambientes é que as pessoas temem fazer alguma coisa errada. Não tenha medo! Sua casa é seu espaço pessoal sobre o qual você detém o controle. Em primeiro lugar, esteja aberta para cometer erros. Pinte uma parede de vermelho. Se você não gostar, pode pintá-la de outra cor. Se desejar, fuja do convencional na hora de dispor móveis, luminárias, quadros etc. Trata-se da sua casa e ela deve refletir você. Não existe certo ou errado. Esteja disposta a imprimir sua personalidade à sua casa. Transforme-a em seu próprio santuário. Adoro visitar as casas que são uma manifestação da personalidade dos moradores.

Minha irmã de criação, Charity, tem um talento natural para ajudar as pessoas a decorar a casa usando móveis e objetos que já possuem. Ela é capaz de identificar elementos comuns, aproximando-os e dispondo-os de uma maneira que os moradores nunca viram antes. Ao organizar sua casa e eliminar a bagunça, você terá a oportunidade de ver tudo o que já possui com novos olhos. Pode haver peças de decoração que não via antes. A partir daí, você saberá se precisa comprar alguma coisa nova que combine com o que já existe e, assim, completar o cenário. Esta é mais uma maneira de imprimir sua personalidade à sua casa. Use o que você já possui.

Paul e eu já trabalhamos em livrarias e temos uma grande coleção de livros. Ao longo dos anos, eles sempre tiveram seu lugar na decoração da nossa casa. Usamos uma pilha de livros como mesinha de apoio ou deixamos um livro interessante à mostra.

A bagunça que antes ocupava os cantos da nossa casa foi substituída por móveis escuros que adquiri ao longo dos anos em liquidações em lojas de móveis. Nosso amor pela história e nosso gosto pelas artes marciais podem ser vistos por toda a casa na forma de objetos de arte e armas históricas. Todos aqueles que nos conhecem imediatamente entendem "o espírito da coisa".

Ao passear pela casa de Kevin e de sua esposa Leta, é possível ver o amor dela pelas antiguidades, encontradas por toda a casa. No escritório de Kevin, as paredes são cobertas com belos armários-livreiros que Leta encontrou em lojas de antiguidades por uma pechincha. Também é possível reconhecer, imediatamente, que Kevin tem um gosto especial por livros de todos os gêneros que enchem as estantes e a sala. Os livros dele e as antiguidades dela sempre despertam conversas interessantes entre seus convidados.

Já a casa da nossa amiga Janna está repleta de trabalhos de arte feitos por seu marido Karl, artista profissional, e de peças pintadas por sua querida avó. Também aqui, é possível ver que toda a casa e o quintal são reflexos de Janna.

Pintura

Leio artigos todo o tempo que afirmam que pintar as paredes é uma forma barata de decorar a casa. Essa ideia é tanto verdadeira quanto falsa. Para pintar uma parede de maneira correta, não basta simplesmente comprar uma lata de tinta e um pincel. Na maioria dos casos, você tem de comprar uma lata de massa corrida para preparar a parede para receber a tinta. Além disso, precisa ter certos pincéis para acabamento e certos rolos para pintar as superfícies. Quando você é iniciante, pintar não vai sair barato. Contudo, uma vez que tenha as ferramentas (das quais você cuida adequadamente), os projetos de pintura se tornam, de fato, meios baratos para redecorar sua casa.

Livros de ideias

Um livro de ideias é uma ferramenta eficaz para ajudar você a criar o espaço dos seus sonhos. Um livro de ideias nada mais é do que um caderno no qual você cola imagens de ambientes ou de objetos de decoração que a inspiram e encantam. Quando você encontrar imagens que chamem sua atenção, recorte-as e coloque-as em seu caderno. Nesse processo, procure encontrar certos padrões nas imagens que você seleciona, como cor, textura ou um tema comum. Isso lhe possibilitará ter uma visão mais clara do que você gosta e, assim, poderá começar a incorporar esses elementos na decoração da sua casa. Lembre-se: você sempre pode reservar uma seção do seu guia de administração da casa para usar como um livro de ideias.

Em meu escritório, tenho uma parede coberta com fios e clipes, que uso para planejar artigos para a minha revista e meu site e para pendurar fotos de lugares que queremos conhecer nas férias. Também uso esse espaço como um livro de ideias, onde coloco imagens de roupas e ambientes de que gosto que retiro de revistas. Outro dia, fui pendurar uma nova foto de uma sala de estar que recortei de uma revista quando percebi que havia um "galho de árvore" como elemento decorativo em cinco das sete fotos que eu havia recortado. Era o galho que continuava a atrair a minha atenção. Ao pendurar as fotos na parede, fui capaz de ver esse elemento e, neste momento, estou à procura de um galho de árvore específico para usar na decoração da minha sala.

Depois de formar aquela imagem clara da maneira como deseja arrumar sua casa, você pode elaborar uma lista de tudo o que precisa fazer para realizar sua ideia e acrescentá-la à Lista de Projetos para a Casa. Então, faça uma lista do que precisa comprar para seu projeto de decoração. Mantenha a lista com você em todos os momentos. Tenho um pequeno caderno em minha bolsa que uso como livro de gastos. Sempre que vou às compras, pego o caderno para ver se há alguma coisa de que preciso. Esse caderno ajuda a me manter focada nas coisas que realmente quero comprar.

Compre com bom-senso

Sua casa está limpa e livre da bagunça e você já começou a organizar seu livro de ideias. Agora, você está pronta para acrescentar seu toque pessoal para transformar sua casa de maneira que reflita sua personalidade e seu estilo de vida. Contudo, antes de comprar alguma coisa, faça a si mesma a seguinte pergunta: "Isso vai me fazer feliz agora e também no futuro?". Primeiro, apaixone-se loucamente por um item. Não seja uma mulher fácil.

É importante procurar durante o tempo que for necessário para conseguir o que se deseja. Alguns anos atrás, Kevin e sua esposa Leta decidiram que era hora de comprar uma cama nova. Então, eles encontraram uma em liquidação porque "iria sair de linha". Não era exatamente o que queriam, mas era um bom negócio. Depois que a tinham comprado, o vendedor ligou para dizer que o modelo que estava disponível, de fato, era um "pouco diferente" do móvel que haviam visto na loja. Kevin e Leta cancelaram o pedido. Mesmo que o preço fosse bom, eles não queriam ficar presos a uma peça de que não gostavam por dez ou vinte anos. Quatro meses depois, eles acabaram encontrando exatamente o que procuravam por um preço ainda melhor.

Quando se trata de arrumar e decorar sua casa, não tenha pressa. Pense em sua casa como um projeto em andamento. Deixe que ele se desenvolva ao longo do tempo, da mesma maneira que sua própria personalidade evolui.

O que é novo nem sempre tem de ser novo

Ao procurar novos móveis e objetos para sua casa, não se esqueça de olhar as peças "antigas". Lojas de antiguidades, brechós, mercados de pulgas e até sites na internet podem oferecer verdadeiros tesouros se você souber como usá-los de maneira adequada. Na casa de Kevin e Leta, há exatamente seis peças de mobiliário que foram compradas novas, incluindo a cama mencionada acima. Todos os outros móveis, incluindo o conjunto de sala de jantar, a mesa de centro, a mobília do escritório e as mesas de cabeceira do quarto, são de segunda mão. Até um armário da década de 1930 foi adaptado para acomodar TV, DVD e aparelho de som.

Decorar com mobiliário usado tem seus prós e contras. Se feito com uma mente aberta e um pouco de conhecimento, pode ser uma opção diferente. Como regra geral, se a peça tiver partes móveis, como no caso de um utensílio, você só deve comprar usado se tiver uma necessidade específica, como realmente querer uma cozinha autêntica da década de 1920.

Vantagens de decorar com "peças antigas":

- Você pode encontrar estilos diferentes das tendências atuais.
- Você pode encontrar estilos específicos que lhe interessam.
- A qualidade da madeira dos móveis antigos (antes da década de 1940), em geral, é melhor do que a do mobiliário contemporâneo.

Riscos de decorar com "peças antigas":

- Você compra tudo "no estado em que está". Não há garantias nem trocas.
- Pode ser difícil avaliar a qualidade e comparar preços. Você está se baseando em seu próprio conhecimento para determinar se um negócio vale a pena.
- Muitas vezes, você tem pouco tempo para tomar uma decisão. A maioria das peças é única, não há "estoques".

Onde comprar

Onde fazer as compras para sua casa depende, em grande parte, do seu estilo pessoal, mas lembre-se de que a tendência é que você encontre melhores preços e peças exclusivas em lojas não tradicionais. As lojas de móveis e decoração mais convencionais têm estilos e preços semelhantes.

Assim como roupas, os brechós são um ótimo lugar para comprar acessórios para a casa. Molduras, serviços de mesa fora do comum, objetos ou quadros, tudo pode ser encontrado para agradar a todos os gostos. Se você tem em mente a ideia de "reutilização" – usar um móvel ou objeto para outro fim que não aquele para o qual foi originalmente criado – você encontrará todo tipo de artigos interessantes para decoração em brechós.

Da mesma maneira, os mercados de pulgas e as feiras de trocas são ótimos lugares para quem quer encontrar pequenos objetos e peças específicas, embora Kevin e Leta tenham encontrado aí uma pequena carteira escolar, que funcionou muito bem depois de ter sido restaurada. Lembre-se de examinar cuidadosamente tudo o que você pretende comprar em um mercado de pulgas e saiba que, às vezes, esse tipo de comércio é usado para vender produtos roubados. Não importa se o preço é tentador, esse não é o lugar para comprar equipamentos eletrônicos!

Outra opção, não muito comum no Brasil, são as vendas em residências, em que uma família vende tudo, em geral, porque o proprietário faleceu ou se mudou para uma casa bem menor. São excelentes ocasiões para fazer bons negócios, porque os custos são menores e os vendedores preferem vender as peças imediatamente, em vez de despachá-las ou armazená-las. Contudo, visto que esse tipo de venda se restringe, normalmente, a apenas uma residência, a escolha pode ser limitada. Na maioria dos casos, as vendas são realizadas por profissionais que não são os proprietários da casa, por isso não espere conseguir muita história sobre os objetos. Geralmente, o pagamento deve ser feito apenas em dinheiro, embora, às vezes, essas vendas sejam administradas por empresas especializadas que aceitam cheques ou cartões de crédito.

Já comprar em antiquários pode ser divertido ou intimidante. O segredo para se sair bem comprando em lojas de antiguidades é o mesmo para comprar em qualquer outro lugar. Lembre-se de que você é quem está no comando da sua compra. O fato de um objeto custar caro não o torna valioso. A única diferença entre "antigo" e "simplesmente velho" é o valor que uma pessoa confere ao que é antigo. É você quem decide se uma peça é valiosa para você, independentemente do que diz a etiqueta do preço. Diferentes antiquários trabalham com diferentes estilos e qualidades das mercadorias. Alguns são lojas caras que vendem apenas peças originais em perfeito estado, enquanto outros oferecem artigos restaurados ou reparados por profissionais e há ainda aqueles que são pouco mais do que pretensiosas lojas de sucata. A única maneira de descobrir o tipo da loja é entrando nela!

Ao fazer compras em uma loja de antiguidades, é muito importante manter em mente se uma peça de decoração ficará bem em sua casa. Os antiquários são especializados em coisas lindas. Porém, será que um armário duplo de 3,5 metros de altura vai combinar com seu quarto? O teto da sua casa é alto o suficiente para acomodá-lo? Será que ele vai passar pela porta da frente?

Em uma loja de antiguidades, você sempre pode negociar o preço. (Aliás, você sempre pode tentar pechinchar em qualquer loja. A pior coisa que os vendedores podem dizer é "não".) Normalmente, um negociante lhe dará um desconto de 10% a 15% se ele quiser dispor da mercadoria. Como cortesia, no entanto, só peça o desconto se você realmente for realizar a compra.

Por fim, não ignore as vantagens da internet. Não há problemas em comprar peças relativamente pequenas e baratas pela internet, mas ainda recomendamos que o exame físico de peças maiores seja feito pessoalmente antes da compra. Sites de classificados e de trocas oferecem boas ofertas, se você souber o que procurar e for cuidadosa ao comprar. Kevin e sua esposa compraram um forno de 1.800 dólares por 250 dólares no Craigslist.

Quais são os passos a dar ao fazer uma compra desse tipo?

- Pense em sua segurança em primeiro lugar e tome cuidado com a vizinhança. Se, ao chegar no endereço combinado, você não se sentir à vontade, dê meia-volta. Nada vale o risco do seu bem-estar.
- Vá sempre acompanhada e informe uma terceira pessoa para onde você está indo e em quanto tempo espera voltar.
- Cuidado com histórias que são boas demais para ser verdade. No caso do forno, o proprietário estava fazendo uma reforma em casa, substituindo o forno elétrico por um a gás. Quando Kevin e Leta foram examinar o aparelho, eles viram, de fato, o substituto na garagem, esperando para ser instalado.
- Verifique se o produto é o mesmo que foi anunciado e se funciona corretamente.

Os sites de troca oferecem ótimas oportunidades para você aproveitar uma boa oferta, além de ajudar o meio ambiente ao diminuir o desperdício. Se você ainda não investigou essa opção para as necessidades da sua casa, procure experimentá-la.

Comprar flores *versus* cultivar plantas

Flores e plantas dão um toque de beleza e serenidade difíceis de igualar. Você pode tanto usar flores de corte quanto plantas cultivadas em vasos, tudo vai depender do seu estilo e gosto pela jardinagem.

Você é o tipo de pessoa que gosta de novas cores e de mudar a decoração? Você tem dificuldade para manter as plantas vivas por mais do que algumas semanas? Para algumas pessoas, regar um vaso com regularidade pode ser um desafio. Nesses casos, optar por flores de corte é uma maneira fácil de garantir variedade ao espaço em que se vive.

Se você gosta da variedade e das cores das flores de corte, faça uma compra inteligente. Além das floriculturas, os supermercados também costumam vender esse tipo de flores, muitas vezes a bons preços. Verifique se sua cidade tem um mercado de flores para vendas no atacado. São Francisco tem o Flower Mart, mercado de flores muito conhecido que oferece flores de corte para floristas, empresas e particulares a preços de atacado. Compre conforme a estação e evite as datas especiais. No Dia dos Namorados, as rosas dobram de preço, enquanto os cravos podem ser encontrados a preço de banana.

Cuidar das suas flores de corte vai fazer seu investimento valer a pena. Depois de comprá-las, leve-as para casa e coloque-as na água assim que possível. Antes de arrumá-las em um vaso, corte a ponta de cada haste cerca de três a cinco centímetros. As plantas possuem um mecanismo natural semelhante à coagulação do sangue que sela as extremidades cortadas. Se você não fizer um novo corte, as flores não conseguirão absorver a água. Para aumentar sua durabilidade, adicione um conservante à água. Você não precisa trocar a água do vaso, mas não se esqueça de mantê-lo cheio. Enquanto as hastes estiverem imersas na água, elas não sofrerão o processo de selagem, mas, assim que forem expostas ao ar, secam e começam a selar novamente.

Se, para você, substituir as flores a cada duas semanas for muito caro, ou se ficar deprimida toda vez que as flores começarem a murchar, então cultivar plantas em vasos é a opção mais adequada. Mais uma vez, faça uma compra inteligente.

Os supermercados e as grandes lojas de materiais para construção e decoração são uma boa opção para comprar plantas. Os viveiros oferecem maior variedade, mas, em geral, são mais caros. A menos que esteja procurando por um exemplar exótico, tente os outros lugares primeiro. Se você não tem muita experiência com plantas, dê preferência a espécies mais resistentes, como filodendros, clorofitos ou hera-inglesa. Converse com especialistas nos viveiros (a informação é grátis) ou nas lojas de materiais para casa para determinar a melhor planta para as condições do seu ambiente. Para tanto, você precisa considerar fatores como temperatura, quantidade de luz, trânsito de pessoas no lugar, animais de estimação e crianças pequenas. Um jardim de ervas na janela da sua cozinha é uma maneira prática e bonita de introduzir plantas na sua casa.

Cuide do que é seu

Quando Paul e eu fomos morar juntos não tínhamos uma balança no banheiro. Na época, eu tinha dois empregos e não sobrava muito dinheiro para gastar. Então, resolvi investir um pouco mais em uma balança que eu realmente queria. Pode parecer insignificante, mas essa balança sempre ficou na minha cabeça como uma compra importante. Desde então, cuido dela, mantendo-a limpa e fora de algum risco que possa danificá-la. Em troca, a balança parece nova, apesar de eu ter pisado nela quase todos os dias destes últimos quinze anos. Às vezes, eu não gostava muito dessa balança, mas, em geral, somos boas amigas. Não há nenhuma razão para que o meu investimento nessa balança não venha a durar outros quinze anos.

A balança é apenas um pequeno exemplo de que cuidar bem dos seus pertences pode fazer seu dinheiro render. Seja um grande eletrodoméstico ou uma pequena peça de mobília, tire o máximo proveito dos seus investimentos, cuidando do que é seu. Se cair alguma coisa em seu sofá, limpe-o o mais rápido possível para que não manche. Se você possuir móveis de madeira, use um lustra-móveis para protegê-los.

O provérbio que diz “é melhor prevenir do que remediar” tem tudo a ver com o cuidado que você deve ter com o que é seu. Pense nisso como uma medida preventiva para suas “coisas”. Se o carpete está começando a descolar, resolva o problema você mesma ou contrate alguém imediatamente. Uma ação rápida pode ser a diferença entre um conserto de 80 reais e a troca por um novo no valor de 3 mil reais.

Se você puder fazer com que um investimento de 2 mil reais na sua sala de jantar dure cinco ou dez anos mais que o normal, são 2 mil reais que você não terá de gastar imediatamente para substituí-la. Ao cuidar das suas coisas, fazendo-as durar o maior tempo possível, você também vai contribuir com o meio ambiente, deixando de lançar mais lixo nos aterros. Por fim, cuidar do que é seu também a estimula a dar valor a tudo o que você já possui.

10 ótimas sugestões para a casa

1. Seja para limpar, consertar ou decorar, resista à tentação de começar mais de um projeto de cada vez. Ao se concentrar em cada tarefa até terminá-la, você vai minimizar a bagunça e o caos que, muitas vezes, advêm quando lidamos com mais de um projeto.
2. Procure maneiras de tornar a tarefa de limpar sua casa uma atividade mais agradável. Coloque sua música favorita e cante junto enquanto varre e esfrega. Faça a limpeza o mais rápido possível e transforme-a em uma minissessão de exercícios. Compense a si mesma com quinze minutos para ler seu livro favorito, depois de dedicar trinta minutos à limpeza.
3. Invista em um conjunto de ferramentas básicas. Com a internet na ponta dos seus dedos, você pode consertar mais do que pensa.
4. Expanda sua casa para além das suas paredes. Utilize sacadas, varandas e quintais para criar espaços mais agradáveis para usar.
5. Se você tiver tapetes, vale a pena investir em um higienizador a vapor. O aparelho básico se pagará em cerca de três usos.
6. As fotos são uma maneira barata e expressiva para personalizar sua casa.
7. Se você mora em um lugar frio, invista em um edredom, cobertor e lençóis de flanela para sua cama para que, durante a noite, não precise ligar um aquecedor. Invista em um cobertor para seu sofá, assim você se aquece sem gastar energia elétrica. Luz de velas tornará o ambiente ainda mais acolhedor.

8. Use o poder das fragrâncias. O aroma exerce um grande impacto sobre suas emoções. Os corretores de imóveis utilizam esse truque há anos nas casas em exposição para criar um ambiente agradável. Não espere por ocasiões especiais. Acenda uma vela perfumada ou um incenso "por nada". Você pode usar fragrâncias cítricas de dia para aumentar a percepção ou lavanda à noite para relaxar.
9. Não espere uma ocasião especial para usar seu melhor jogo de jantar, seu faqueiro ou aquela toalha linda. Coloque-os em uso na terça-feira à noite ou no sábado de manhã. Você e sua família merecem ser tratados da mesma maneira que qualquer convidado que entra em sua casa. Aprecie e desfrute o que você tem.
10. Crie uma rede para economizar dinheiro. Esteja disposta a compartilhar seu higienizador a vapor com sua amiga em troca de usar a lavadora de alta pressão que ela tem. Emprestar é uma excelente maneira de economizar dinheiro e reduzir a bagunça pelo fato de não ter de comprar máquinas que apenas são usadas algumas vezes por ano.

Capítulo 7

Lazer e diversão

Afine o instrumento

Todos nós precisamos descansar e relaxar. Precisamos de uma pausa em nossa rotina para que possamos nos reorganizar e nos renovar. Esse processo nos torna melhores funcionários, colegas de trabalho, cônjuges, pais e amigos. Como aconselha Stephen Covey, autor de *Os 7 Hábitos das pessoas altamente eficazes* (Best Seller, 2005), você tem que parar para afiar a serra, pois assim ela cortará melhor, ou você acabará trabalhando com uma lâmina cega. Aproveite ainda mais seu tempo de descanso do trabalho desenvolvendo um comportamento financeiramente inteligente em relação às suas atividades.

Neste capítulo, veremos:

- Como planejar e aproveitar suas férias.
- Como arranjar dinheiro para suas férias.
- Como "fugir" sem sair de casa.
- Como fazer um planejamento inteligente para economizar em *hobbies*, diversão e jantar fora.
- Como administrar com sucesso os gastos sociais.

As férias

Alguma vez você já saiu de férias sentindo um vazio na boca do estômago o tempo todo, porque sabia que não poderia "pagar" ou que teria de pagar por aquela viagem durante meses ou anos? Voltou para casa mais estressada e exausta do que quando saiu?

O segredo para tirar o máximo proveito das suas férias é planejá-las com antecedência. As férias não são relaxantes quando você está acumulando despesas no seu cartão de crédito e sabe que terá de enfrentar as consequências ao longo dos próximos meses – ou até mais do que isso.

Planejamento é a ferramenta número um para as férias inteligentes. Ao planejar com antecedência, você terá tempo para pesquisar e encontrar os melhores preços. O planejamento também lhe dá a oportunidade de economizar para a viagem.

Um planejamento cuidadoso, se feito de uma maneira positiva, pode representar metade da diversão das próprias férias. O planejamento constrói a antecipação. Quem leu *O tao do Pooh* (Triom, 1995), de Benjamin Hoff, sabe que a antecipação do gosto do mel é tão doce quanto o gosto propriamente dito. A mesma filosofia se aplica às férias. A emoção do planejamento pode ser tão agradável quanto as férias em si.

O primeiro passo para planejar suas férias é decidir para onde você deseja ir. Em seguida, defina quando deseja viajar. Decidir o momento em que se deseja viajar é importante por várias razões. Ao definir uma data específica, você cria um prazo mental para fazer essa viagem acontecer. Muitas vezes, encontro amigos que eu não vejo há vários anos e eles me falam sobre alguma viagem que querem fazer no próximo ano. No entanto, essa viagem é a mesma sobre a qual eles falam nos últimos dez anos. O problema em fazer uma afirmação como "no próximo ano" é que "no próximo ano" é sempre no ano seguinte. Por isso, prefira dizer: "Vou para a Austrália no dia 11 de julho de 2014". Mesmo que você não consiga cumprir esse prazo com precisão, provavelmente estará bem mais perto de atingir seu objetivo do que se continuasse a dizer "no próximo ano".

A segunda razão para planejar uma data específica para viajar é que a época do ano vai impactar diretamente a experiência das suas férias. Uma viagem a Paris planejada para agosto pode decepcionar, pois uma grande porcentagem dos parisienses sai da cidade durante esse mês. Visitar o Disney World em junho é ter de enfrentar longas filas sob o sol quente da Flórida, pois o verão no hemisfério norte é alta estação para o turismo na região.

Paul e eu não gostamos de multidões, especialmente quando viajamos com Dante. Sempre que possível, procuramos planejar nossa viagem durante a baixa estação. Eventualmente, isso significa que o clima não é tão bom, mas isso não nos incomoda. Preferimos usar roupas mais quentes do que enfrentar multidões em todo lugar. Além disso, ao viajar fora da temporada, economizamos centenas de dólares em passagens aéreas e hotéis. Para nós, essa opção é sempre vantajosa.

Depois de definir para onde e quando você quer viajar, é hora de fazer a parte divertida – pesquisar! Graças à internet, a quantidade de informações gratuitas nessa área é ilimitada, portanto, esse é o melhor lugar para começar. Por exemplo, o site da revista *Budget Travel* (www.budgettravel.com) é uma fonte valiosa e atualizada. Especificamente, em sua seção The Real Deal, os editores da revista oferecem uma seleção das melhores oportunidades de viagens e de pacotes de férias em todo o mundo.

Lonely Planet é outra excelente fonte. Seu site (www.lonelyplanet.com) e os livros estão repletos de dicas de viagem, sugestões e informações sobre destinos que vão inspirá-la. As fotos que ilustram o site vão abrir seu apetite para realizar suas próprias aventuras.

Além da internet, você pode procurar livros sobre seu destino em uma biblioteca. Se você é como eu e gosta de acrescentar livros de viagens à sua própria biblioteca, então a dica é investir em alguns exemplares.

Algumas das melhores sugestões de viagem que recebi vieram de amigos. Quando planejávamos nossa viagem para a Escócia, os nossos amigos recomendaram que visitássemos as ilhas Órcades. Confesso que não fiquei tão animada naquele momento, mas sou grata até hoje pela sugestão. As Órcades e, especificamente, o Anel de Brodgar, estão entre os lugares de que mais gosto no planeta. Jamais teria conhecido as ilhas se não tivesse recebido uma recomendação.

Quando chega a hora de, realmente, reservar sua viagem, a internet está cheia de sites competindo por sua atenção. Um dos meus preferidos é o kayak.com.

Morando em São Francisco, Paul e eu tivemos a sorte de estar a trinta minutos de três aeroportos internacionais. No kayak.com, de uma só vez pesquiso os preços de várias companhias aéreas sem ter de digitar as informações a cada busca. O que costumava levar de trinta a sessenta minutos para pesquisar agora faço em apenas dez ou quinze minutos. No Brasil, um site semelhante é o decolar.com

Embora os sites de viagens sejam fáceis de usar, existem situações em que vale a pena recorrer a um agente de viagem. Durante uma entrevista com Jay D'Amato, diretor de viagens de turismo da agência Smart Travel em São Francisco, aprendi que, mesmo com um orçamento limitado, contratar um agente é uma atitude inteligente. Ao fazer as reservas da sua viagem usando a internet, muitas vezes você tem que comprar cada tipo de serviço em separado, por isso é muito fácil extrapolar seu orçamento. Já um agente calcula quanto toda a viagem vai custar antes de fazer qualquer reserva.

Além disso, se você não conhece a região para a qual pretende viajar, é muito fácil optar por um hotel "apenas um pouco fora de Roma". Porém, ao chegar ao local, só então você percebe que tem que desembolsar 20 dólares toda vez que deseja ir a Roma. Rapidamente, você estoura seu orçamento e desperdiça tempo apenas para chegar ao seu destino.

Os agentes de viagem operam com informações atualizadas diariamente e, por isso, podem identificar boas oportunidades para você. Diga-lhes o que está procurando, especialmente se você planeja com muita antecedência. Quando forem notificados de uma promoção ou de uma queda nos preços, eles vão ligar para você. Um *site* não vai fazer isso.

Usar os serviços de um agente também é uma boa ideia quando você está viajando para o exterior, especialmente se não falar a língua do país. Se acontecer alguma coisa, seja um desastre natural ou uma crise política, um agente poderá ajudá-la a voltar para casa.

Os agentes não cobram taxas dos seus clientes. São as empresas de turismo, como os cruzeiros e, que pagam os agentes. Já as companhias aéreas não pagam. Se você está apenas procurando uma passagem aérea, compre-a pela internet. Um agente não conseguirá um preço melhor para você.

Existem muitas maneiras diferentes de viajar e muitas maneiras diferentes de economizar. Veja a seguir algumas das nossas dicas favoritas para poupar dinheiro embarcando em alguns dos nossos modos favoritos de viajar.

Economize nas passagens aéreas

- Como já mencionamos, viajar fora de temporada pode representar uma economia de até 50% às vezes até mais.
- Em geral, e dependendo se o destino for turístico, as tarifas mais caras são as de sexta-feira e domingo à noite, pois todo mundo quer aproveitar o fim de semana. Se você tiver a disponibilidade de voar na sexta-feira de manhã e voltar no domingo também pela manhã, poderá desfrutar do seu final de semana fora gastando muito menos. Esse tipo de desconto também se aplica a outros dias da semana.
- As terças-feiras, em geral, são os dias menos movimentados nos aeroportos, por isso, se você puder voar nesse dia, economizará muito.
- Se você gosta de aventuras, pode aproveitar as promoções de última hora, fazendo sua reserva com apenas alguns dias de antecedência.
- Inscreva-se em apenas um ou dois programas de milhagem (das companhias em que você voa com mais frequência). Dessa maneira, você pode combinar as milhas em uma única empresa em vez de acumular trechos menores (que expiram) divididos por várias companhias.
- Procure aproveitar ao máximo uma viagem ao exterior optando por companhias aéreas que fazem parte da mesma rede, um sistema conhecido como *codeshare*.* Por exemplo, muitos voos da Lufthansa podem lhe render milhas no programa de milhagem da United, desde que seu bilhete tenha sido reservado na United. Cada programa tem regras diferentes no que diz respeito à computação de milhas

* Acordo de cooperação entre empresas aéreas que estabelece a disponibilização recíproca de assentos e o compartilhamento de códigos de voo. Em outras palavras, duas empresas operam a mesma rota, com as mesmas aeronaves e a mesma tripulação. (N. T.)

em outras operadoras. Procure se informar antes de adquirir sua passagem, assim não apenas poderá economizar muito, como também ganhar muito.

- Redes de hotéis, em geral, mantêm programas de estadia frequente, sendo que muitos oferecem milhas aéreas em vez de pontos.

Quer economizar ainda mais em sua próxima viagem? Coma antes de ir para o aeroporto e reserve alguns reais para gastar quando chegar ao seu destino. Dependendo da duração da viagem, você pode economizar em estacionamento, pedindo para uma pessoa ir levá-la e buscá-la. Lembre-se de retribuir a gentileza da próxima vez que ela for viajar.

Economize nos cruzeiros

Os cruzeiros podem ser uma aquisição inteligente. É possível embarcar em um navio de turismo e, virtualmente, não gastar um centavo até voltar para casa. Suas refeições e grande parte do entretenimento a bordo são gratuitas.

Aproveitar promoções de última hora é uma excelente maneira de viajar em um cruzeiro. As linhas de cruzeiro precisam preencher suas cabines. À medida que a data da partida se aproxima, o preço cai e, então, você pode atacar. Uma observação: se você pensa em fazer um cruzeiro para o Alasca, raramente vai encontrar cabines com desconto. Viagens de navio para essa região só são possíveis de abril a outubro e, quase sempre, com sua capacidade máxima preenchida.

Cruzeiros de reposicionamento podem ser ótimas pechinchas. Quando o clima muda na primavera e no outono, muitas linhas mudam as rotas dos seus navios, deslocando-os de um porto a outro. Em vez de deslocar os navios sem passageiros, as linhas oferecem cabines com grandes descontos, esperando que os turistas compensem essa diferença gastando no cassino e nos bares. Em 2006, Paul e eu fizemos um cruzeiro de reposicionamento de duas noites de Vancouver a São Francisco. O custo do cruzeiro foi de 199 dólares por pessoa. Seria difícil planejar uma viagem dessas para duas pessoas com hotel e alimentação por menos do que isso. Até hoje, essas férias foram das mais divertidas e relaxantes que tivemos.

Em cruzeiros, no entanto, é preciso ter cuidado com as despesas extras. Ao mandar debitá-las em sua cabine, é muito fácil torrar seu orçamento. Tome cuidado com o que você coloca na sua conta.

Como mencionei, a maior parte do lazer a bordo do navio é gratuita. O que pode sair caro são as excursões. Quando Paul e eu levamos Dante em um cruzeiro ao Alasca, ficamos chocados com os preços. Uma visita para conhecer os totens do Parque Histórico Estadual de Totem Bight saía 39 dólares por adulto e 25 dólares por criança, o que teria nos custado 103 dólares. Contudo, preferimos não fazer a excursão quando estávamos em Ketchikan e visitamos o Totems Heritage Center [Centro de Memória dos Totens], localizado próximo às docas, pagando apenas 5 dólares para entrar. Também visitamos o Deer Mountain Tribal Hatchery and Eagle Center [Viveiro Indígena de Peixes e Centro das Águias da Montanha do Veado], também próximo, e, depois, passamos o resto da tarde passeando pelas ruas de Ketchikan.

Por outro lado, esbanjamos em um passeio de trem panorâmico pela Passagem Branca em Skagway. Dante e eu adoramos os trens e essa foi uma oportunidade em que todos nós nos divertimos em uma viagem de trem de três horas pela Rota de Yukon e vimos algumas das mais deslumbrantes paisagens dos Estados Unidos. Por 125 dólares por pessoa (crianças não pagavam), o passeio foi um luxo, mas valeu a pena. Para nós, foi o ponto alto de todo o cruzeiro.

Por fim, ao planejar um cruzeiro, não se esqueça de levar em conta o custo para chegar ao seu navio. Para nosso cruzeiro no Alasca, aproveitamos o fato de que o navio partiu de São Francisco. Quinze minutos depois de sair de casa, já estávamos fazendo o *check in*. Já para nosso cruzeiro de Vancouver a São Francisco, tivemos de somar a passagem aérea para chegar a Vancouver ao custo das férias.

Viajar de carro

As férias tomam formas e tamanhos diferentes. Não há nada como uma boa e velha viagem estrada afora para aproveitar alguns dias de descanso e relaxamento. Há muitas maneiras fáceis de economizar enquanto você viaja para seu destino.

Manter seu carro bem afinado é fundamental. Se a viagem for longa e seu carro precisar de uma revisão, não espere até o último minuto. Se houver a necessidade de uma manutenção mais profunda, a demora na oficina poderá atrasar sua partida. Antes de sair, verifique os pneus para garantir sua segurança e prefira o combustível adequado para melhorar a quilometragem do seu veículo.

Uma das melhores maneiras de economizar em viagens de carro é ficar longe das lojas de conveniência. Os preços podem ser 55% mais caros. Por isso, antes de cair na estrada, passe no supermercado para abastecer sua lancheira, assim você terá alimentos melhores, além de economizar muito dinheiro. Além disso, essa atitude vai manter mais dinheiro em sua bolsa para você gastar em algum regalo quando chegar ao seu destino. Você prefere gastar 15 reais em um refrigerante e uma barra de chocolate em um posto de gasolina ou guardar esse dinheiro para comprar um quitute regional?

Se seu carro ainda não tiver um GPS e pegar a estrada faz parte do seu estilo de vida, pense em investir em um. Um bom GPS pode ser comprado por apenas 300 reais. Viajamos de carro quase um fim de semana por mês e, finalmente, compramos um sistema de navegação. Além de servir como GPS propriamente dito, o aparelho informa a localização do posto de gasolina mais próximo e também ajuda a encontrar restaurantes, nos libertando das opções que são visíveis apenas por quem passa pela rodovia.

Férias em casa

Passar as férias em casa se tornou uma opção popular em 2007 durante a crise da gasolina nos Estados Unidos. Naquele verão, as pessoas procuraram maneiras de fazer turismo em sua própria cidade.

O que fazer quando passamos as férias em casa?

- Visitar aquele museu que você tanto quer conhecer.
- Explorar uma cidade ou um bairro vizinho.
- Ir a um restaurante que você estava querendo experimentar.

- Conferir as lojas que você tem curiosidade de visitar.
- Alugar uma temporada inteira de uma série de TV a que você deseja assistir.

À primeira vista, a ideia de ficar em casa nas férias parece muito fácil. Na realidade, também para isso precisamos de planejamento e um pouco de disciplina. As férias servem para mudarmos o ritmo da nossa vida. Quando passamos as férias em casa, é fácil nos entreter limpando a casa, cortando a grama ou fazendo qualquer outra tarefa que chame nossa atenção.

Da mesma maneira que as férias normais, planejar com antecedência irá ajudá-la a desfrutar ainda mais suas férias em casa. Antes de iniciá-las, limpe completamente sua casa. Esforce-se para deixá-la tão limpa quanto um hotel. Pode ser difícil relaxar em uma casa que precisa de uma boa faxina.

Em seguida, compre todos os seus mantimentos com antecedência. Assim, você não precisará sair para comprar nada. Se você planeja ficar em casa e assistir a todas as versões do filme *Orgulho e preconceito*, pare na locadora com antecedência e alugue todas de uma vez. Procure dar conta de todos os compromissos e obrigações possíveis antes das suas férias.

Assim que seu período de férias começar oficialmente, NÃO:

- Ligue seu computador.
- Verifique seu e-mail.
- Apareça no trabalho.

Por que não praticar esse tipo de férias experimentando ficar em casa durante um fim de semana? Faça todas as suas tarefas e obrigações antes de sair do trabalho no final da tarde de sexta-feira e dedique o fim de semana inteiro para relaxar e se divertir. Essa experiência pode transformar a maneira como você vê os finais de semana daí em diante.

Não importa a maneira como você passa suas férias, lembre-se de que esse é seu tempo para desfrutar sua vida. Fique dentro do seu orçamento, mas seja inteligente na hora de *gastar*. Reserve dinheiro para aquelas experiências que lhe trarão satisfação, como fazer um passeio, visitar um museu ou jantar em um determinado restaurante. A ideia é não fazer planos, apenas aproveitar o tempo livre e viajar para algum lugar para descobrir que não pode esperar para vivenciar aquela experiência. Da mesma maneira que trocamos a excursão aos totens pela viagem de trem no Alasca, escolha as memórias que você deseja guardar.

Você pode bancar aquelas férias

Como eu já disse, viajar é uma verdadeira paixão para nós e um tema muito frequente em nossas conversas. Infelizmente, muitas vezes, ouço as pessoas dizerem que não podem bancar as férias dos seus sonhos. Tenho um amigo, em particular, que sempre falava em fazer uma viagem de motocicleta pela Irlanda com duração de uma semana. Esse é um sonho importante para ele. Ele tem falado sobre essa viagem por mais de doze anos, mas, sempre que pergunto a respeito, ele diz que não tem condições de bancar a aventura no momento.

Sei que o meu amigo almoça fora quase todos os dias, gastando cerca de 8 dólares por refeição.* Além disso, ele sai para comer fora com a esposa duas a três vezes por semana a um custo de 50 dólares a 100 dólares por vez. Portanto, ele gasta cerca de 40 dólares por semana no almoço e uma média de 225 dólares no jantar. Esses valores somam 265 dólares por semana, 1.060 dólares por mês e 12.720 dólares por ano.

Por curiosidade, fiz uma pequena pesquisa para ver o quanto o sonho de viajar de motocicleta custaria ao meu amigo. Observação: todos os preços eram os praticados no momento da redação deste texto.

- Um bilhete de ida e volta de São Francisco para Dublin custa 675 dólares.
- A hospedagem gira em torno de 95 dólares por noite ou 665 dólares por semana.

---

* No Brasil, o custo médio de uma refeição varia de acordo com a região. Em setembro de 2012, o valor médio em São Paulo era de 26 reais. Já no Rio de Janeiro era de 27 reais, e em Salvador era 29 reais. Fonte: www.pesquisaprecomedio.com.br/consultarefeicao.aspx. (N. E.)

- O aluguel de uma motocicleta BMW R1200 sai por 875 dólares por semana.
- Orçei 75 dólares por dia para alimentação, totalizando 525 dólares por semana.
- Calculei também dois copos de cerveja Guinness por dia, o que perfaz cerca de 79 dólares por semana.
- Orçamento total da viagem: 2.819 dólares.

Se o meu amigo, simplesmente, reduzisse suas despesas com alimentação, levando o almoço de casa três vezes por semana e saindo para jantar fora apenas uma vez por semana, ele conseguiria economizar dinheiro suficiente para sua viagem em pouco mais de quatro meses.

Muitas vezes, pensamos que não podemos fazer as coisas que queremos porque não temos dinheiro suficiente. Ao mesmo tempo, deixamos o dinheiro escorrer por entre os dedos gastando-o sem pensar em coisas que não são tão importantes para nós.

Conseguindo o dinheiro das férias

Existem muitas maneiras diferentes para juntar ou reservar dinheiro para as férias e outras atividades de lazer. Uma das ferramentas mais poderosas para isso é abrir uma conta de poupança especificamente para as férias. Quando Paul e eu estamos prontos para sair de férias, transferimos o dinheiro da nossa poupança de férias para a conta-corrente. Então, usamos o cartão de débito durante todo o período de férias. O dinheiro fica separado da nossa conta-corrente do dia a dia e, assim, podemos gastar o que quisermos, porque sabemos que estamos gastando somente nosso dinheiro das "férias". Essa maneira de lidar com o dinheiro nos dá uma sensação de liberdade.

Se tirar férias é uma coisa importante em sua vida, comece a depositar dinheiro regularmente em sua conta de poupança de férias. Mesmo pequenas quantias ajudarão você a atingir seu objetivo.

Um dos meus hábitos preferidos para "descolar" dinheiro para as férias é aproveitar o dinheiro que você economiza. Por exemplo, fazemos nossas compras em um supermercado e temos um cartão fidelidade dele, que oferece descontos extras aos participantes (o cadastro é gratuito). Quando uso o meu cartão, o total de descontos que obtive aparece na parte inferior da nota fiscal. Ao chegar em casa, imediatamente vou para o meu computador e transfiro aquela quantia da minha conta-corrente regular para a minha poupança de férias. Com essas compras inteligentes no supermercado, economizo uma média de 75 dólares a 150 dólares por mês para as férias. Além disso, o dinheiro economizado é usado para um propósito específico em vez de desaparecer no ar.

Se você receber dinheiro de presente, pense em colocá-lo em sua conta de poupança de férias. Faz horas extras? Em vez de deixar que esse dinheiro seja absorvido por sua conta-corrente, transfira-o imediatamente para sua poupança de férias. Outra opção é transferir todo o dinheiro que sobra no fim do mês para seu fundo de férias. Ao manter essa prática, você ficará surpresa com a rapidez com que o dinheiro vai crescer.

Adoro a história das minhas amigas Gina e Kathleen para juntar dinheiro para as férias. Em janeiro de 2000, Paul e eu contamos aos nossos entes queridos que nos casaríamos em setembro no hotel Bellagio, em Las Vegas. Gina e Kathleen começaram a procurar maneiras de economizar dinheiro para a viagem. Antes, Gina trabalhava para a Benefit Cosmetics e tinha uma coleção de amostras de cosméticos que ela vendeu no eBay por um total de 400 dólares. Por sua vez, Kathleen era fã dos cosméticos da Stila®, por isso tinha uma gaveta cheia de produtos de maquiagem. Na época, os produtos da Stila não estavam disponíveis *on-line*, então ela conseguiu levantar 200 dólares vendendo sua maquiagem no eBay. Com um pouco de pesquisa, elas descobriram um pacote de viagem para Las Vegas que incluía quatro noites no MGM Grand Hotel & Casino mais as passagens áereas para as duas por 400 dólares. O dinheiro que Kathleen ganhou pagou suas passagens e o hotel, enquanto Gina conseguiu o suficiente para pagar não apenas pelas passagens e o hotel, mas também pela diversão!

Seja vendendo os pertences que você não quer mais em sites como Mercado Livre, em lojas de consignação ou em um bazar, o dinheiro para suas próximas férias pode estar pendurado em seu armário ou guardado em sua gaveta de maquiagem.

Ingressos com descontos

Minha amiga Sophie é a rainha de encontrar descontos. Ela tem um dom natural para descobrir os ingressos mais baratos disponíveis. Por causa desse talento, ela e sua família garantem presença constante em sessões de cinema, jogos esportivos e eventos ou exposições em museus.

Para tanto, Sophie segue um ritual dependendo do lugar a que pretende ir. Por exemplo, se ela deseja visitar o zoológico de São Francisco, Alcatraz ou a Academia de Ciências da Califórnia, primeiro ela verifica se a instituição oferece um dia de visitação gratuita. Em seguida, procura saber se os moradores da cidade têm direito a um desconto. Depois, ela verifica no site de ingressos promocionais. Graças a ele, ela conseguiu ver a exposição itinerante Rei Tut no Museu De Young, em São Francisco, a um preço bastante reduzido que, ainda, incluiu um *audio tour* grátis.

Por fim, ela faz uma busca no Craigslist para ver se alguém está vendendo ingressos com desconto. Em último recurso, ela paga o preço cheio dos ingressos, caso seja um evento a que ela realmente deseja assistir.

Sophie também recorre à Costco para comprar ingressos com desconto em cinemas. No momento da redação deste livro, a Costco oferecia um pacote com cinco ingressos para a rede de cinemas AMC por 44,99 dólares ou apenas 8,99 dólares cada um, sem qualquer limitação ou prazo de validade.

Em uma das aulas que lecionei na Faculdade Chabot, conheci uma mulher que, tranquilamente, poderia ministrar seu próprio curso de planejamento financeiro. Na época em que criava seus três filhos, todos os anos a família escolhia um museu, jardim zoológico ou outro lugar que oferecesse um programa anual de associados. Durante aquele ano, a instituição escolhida se tornava a principal fonte de lazer para ela e as crianças, que passavam a frequentar o lugar nos finais de semana, a assistir a todos os eventos especiais e a usufruir de todas as vantagens que tinham como sócios. No ano seguinte, a família escolhia uma nova instituição.

Esportes, recreação e *hobbies*

Viajar não é a única maneira de desfrutar do seu tempo livre. As atividades e os passatempos com os quais nos divertir são inúmeros. Você é apaixonada por esqui? Ou prefere escalada? Você é uma leitora voraz, uma fanática por cinema ou gosta de *videogame*? Coleciona antiguidades, tem paixão por jardinagem ou se dedica a organizar álbuns de fotografias? Independentemente de qual é sua paixão, provavelmente ela custa dinheiro. Por isso, avalie a possibilidade de abrir uma conta separada só para seu esporte ou *hobby* favorito. Como ocorre com as férias, se seu *hobby* ou esporte é importante em sua vida, estipule uma determinada quantia todo mês para ser automaticamente depositada naquela conta.

Uma conta de poupança específica é uma excelente ferramenta para aficionados e colecionadores de antiguidades. Se, por acaso, encontrar aquela peça perfeita, o dinheiro já estará disponível. Descobriu um sebo fantástico e ficou louca – você já tem um fundo reservado para livros pronto para usar. Economizando o ano todo, quando a neve começar a cair, o dinheiro já estará esperando por você para ir esquiar.

O simples ato de reservar uma certa quantia de dinheiro todo mês e canalizar todos os recursos extras que receber para essa conta já é uma maneira ideal de desfrutar suas atividades favoritas – livre de dívidas.

Leitura

Como mencionei anteriormente, Paul e eu trabalhávamos em livrarias e somos ávidos leitores. Kevin também é. Na verdade, estamos rodeados por leitores, assim, este é um tema particularmente importante para nós. Poderíamos facilmente gastar milhares de dólares por ano em livros. Entretanto, compramos, pechinchamos e trocamos de uma maneira inteligente.

Quando entro em uma livraria, imediatamente me dirijo à seção de livros em promoção. Além de comprar livros para mim, essa seção é uma mina de ouro para encontrar ótimas sugestões para presentes.

Paul é um grande usuário da Amazon.com; ele organiza suas compras para aproveitar o frete grátis.

Todos nós adoramos os sebos. Não apenas porque os livros são vendidos com 50% de desconto ou mais, mas também por causa de sua variedade. As livrarias convencionais preferem manter aquilo que vende em suas prateleiras e precisam ser muito específicas quanto à sua coleção. Já aquelas que vendem livros usados são um verdadeiro repositório eclético de excelentes livros únicos, estranhos e até divertidos.

Como os sebos, as bibliotecas também oferecem uma variedade de títulos maior do que as livrarias comuns e o preço é imbatível: grátis!

Outra opção livre de custos é trocar livros e filmes com os amigos. O que eu mais gosto nesse tipo de escambo é tomar contato com filmes e livros que, de outra maneira, eu não chegaria a conhecer.

Diversão barata e fácil

Você é uma entusiasta por cinema? Se você já tem um aparelho de vídeo digital, pode usá-lo para gravar filmes direto da televisão, reduzindo assim os custos com aluguel de DVDs. Costumo verificar a programação dos canais para escolher os filmes e, depois, preparo o aparelho para gravação. Prefiro os filmes que perdi quando estavam em cartaz pela primeira vez ou aqueles que gostaria de ver novamente. Passei muitos fins de semana fantásticos assistindo a uma maratona de filmes com o ator norte-americano Cary Grant ou do diretor britânico Alfred Hitchcock. Você pode conseguir horas de entretenimento "grátis" dessa maneira.

A degustação de vinhos também pode ser uma maneira agradável de passar uma tarde. Pelo preço médio de 50 reais, você pode experimentar diversos vinhos, relaxar e apreciar o ambiente. Mesmo se você não morar próximo de uma região produtora de vinho, existem locais em toda parte que oferecem esse tipo de degustação. Uma busca rápida na internet deve lhe trazer as opções mais próximas da sua casa.

Muitas vezes, pensamos em entretenimento como uma atividade pela qual temos de pagar, como visitar museus, jantar fora ou assistir a um filme. Porém, existem muitas atividades maravilhosas que podemos aproveitar de graça ou a preço de banana.

Muitas vezes, esquecemos os prazeres simples de um passeio ao ar livre ao cair da tarde. Se você é uma pessoa ativa, fazer caminhadas ou tranquilos passeios a pé são atividades gratuitas e saudáveis. Convide um amigo para jogar frisbee em um parque. Tem um par de patins em seu armário? Tire as teias de aranha e vá patinar. Na verdade, desafie a si mesma a usar todos os brinquedos que você já possui pelo menos uma vez antes de pagar para fazer uma atividade ou ter entretenimento novamente. Se você tem um armário cheio de bolas de futebol e raquetes de tênis, poderá se divertir durante meses com as coisas que já possui. Faça o investimento nesses materiais valer a pena!

Quando viajo, adoro conhecer o centro e as lojas típicas das cidades pequenas. Mesmo quando estou em casa, vez ou outra, gosto de visitar uma cidade vizinha e explorar suas possibilidades. Escolho um café para me sentar e observar as pessoas ou vou a uma padaria tomar um sorvete ou comer um doce. É uma maneira barata e divertida de passar algumas horas agradáveis.

A única coisa boa da recessão econômica norte-americana é que ela trouxe de volta o hábito de passar a noite em família e os prazeres dos jogos de tabuleiro. Minha amiga Lori e seu marido são fãs ávidos de longa data desse tipo de passatempo. Toda noite de sábado eles recebem amigos e experimentam jogos novos. E não são os únicos a gostar desses jogos. Quando viajo para visitar minha família, Paul e nossos amigos Jesse, Kevin, Matt e Geoff jogam o dia inteiro.

Quando eu era menina, a pequena fazenda dos meus avós nos isolava um pouco. Então, todo fim de semana, um parente ou um velho amigo aparecia para nos visitar. Mesmo com apenas 10 anos de idade, eu adorava ouvi-los contar histórias sobre os velhos tempos. Minha avó servia café e um bolo simples. O costume de as pessoas se visitarem saiu de moda, mas é um passatempo que vale a pena trazer de volta.

Você pode dar uma festa

Você gosta de dar festas? Adora organizar eventos e encontros? Você ainda pode fazer isso de uma maneira financeiramente inteligente.

Toda festa e evento organizado por um profissional especializado começa com um orçamento. Por isso, trabalhar dentro de um orçamento faz ainda mais sentido para você. Para eventos maiores, comece a planejar com dois a três meses de antecedência. Primeiro, é importate decidir quanto você quer gastar. A partir daí, faça um orçamento para comida, bebidas, decoração e tudo o mais que for importante para você. Agora, você sabe exatamente o quanto tem para gastar e pode trabalhar dentro desses limites.

Comece a comprar antes tudo o que puder, assim você poderá distribuir o custo por vários holerites. Os alimentos frescos precisam ser comprados bem perto do evento, mas bebidas, decoração, utensílios para a mesa, enlatados e conservas, tudo pode ser comprado com bastante antecedência. O bom de se planejar antes do tempo é poder aproveitar promoções, conforme forem surgindo, ou pesquisar os melhores preços em mais de um lugar.

A sua festa não tem de incluir um jantar com três pratos diferentes. Menos é mais e existe beleza na simplicidade. Em vez de exagerar oferecendo seis tipos de queijos importados, procure maneiras criativas para servir uma comida mais simples. Faça um curso de decoração de festas para aprender maneiras de apresentar os alimentos. Até mesmo pequenos detalhes como usar peças ou objetos antigos comprados em antiquários por uma pechincha dá um toque de elegância ou novidade a um custo bem baixo.

Dar uma festa não se restringe a receber convidados para jantar. Pense em oferecer um encontro para o café da manhã, cujos custos representam uma fração das despesas de um jantar. Outra opção é receber seus convidados para um almoço ou desfrutar de uma tarde regada a chá, sanduíches e bolinhos. Você pode organizar sessões de cinema com pipoca e limonada, uma noite para jogar cartas com bebidas e canapés ou um fim de noite com café e sobremesa. Suas opções para entreter seus convidados são ilimitadas.

Nunca subestime o poder de uma festa no estilo *potluck* (em que cada convidado leva um prato para compartilhar com o grupo)! Durante muito tempo, eu não quis pedir às pessoas para trazer um prato quando eu dava uma festa. Levei um tempo para entender que todas as minhas amigas gostam de cozinhar e que adorariam ter uma oportunidade para compartilhar seus pratos favoritos. Da mesma maneira, aqueles que não gostam de cozinhar estão sempre dispostos a levar uma garrafa do seu vinho favorito ou uma nova cerveja que querem experimentar. Esse tipo de festa permite que seus convidados contribuam, além de lhe dar mais tempo livre para aproveitar sua festa muito mais.

Em relação às bebidas alcoólicas, não é necessário dispor de um bar completo. Oferecer cerveja e vinho, servidos de acordo com a comida, é o suficiente para complementar a refeição. Se você preferir oferecer coquetéis, escolha um ou dois tipos de bebida para manter o custo baixo. Na verdade, esse é um departamento para o qual a maioria dos convidados está disposta a contribuir.

Ao preparar seu evento, podemos sentir a tentação de comprar móveis novos para o jardim ou um novo jogo completo de taças para vinho. Contudo, se não estiver dentro do seu orçamento, aplique a mesma ideia usada para a comida e peça a um dos seus convidados para levar cadeiras extras ou copos para vinho. Se não houver outra alternativa, realize o evento sem eles. Você não vai querer ter uma ressaca financeira depois da sua festa.

Se você adora dar festas, pense em investir em utensílios. Você pode comprar pratos, talheres e copos em brechós ou em liquidações para reservar só para suas festas. Depois de três ou quatro eventos, o investimento se mostrará mais econômico do que comprar materiais descartáveis a cada festa, sem falar que você estará sendo ambientalmente responsável. Além disso, talheres e louças darão um toque de classe à sua festa, coisa que os artigos descartáveis simplesmente não podem oferecer. Não se preocupe em tentar encontrar dezesseis conjuntos de porcelana e de talheres que combinem. Mesas criativas podem ser arrumadas misturando-se diferentes jogos de pratos e talheres. De fato, usar taças de vinho diferentes pode ser uma maneira fácil para os convidados não perderem suas bebidas de vista.

A limitação dá asas à imaginação. Muitas vezes, a melhor coisa que você pode fazer para despertar a criatividade é ter de trabalhar dentro de um orçamento.

Comer fora

A partir do final da década de 1970, os norte-americanos deixaram de cozinhar em casa e, lentamente, tornaram-se cada vez mais dependentes de comer fora. Nossos avós raramente comiam fora. Nossos pais comiam fora, talvez, uma vez por mês. Hoje, o norte-americano médio come fora mais frequentemente do que em sua casa.

Nos primeiros anos do nosso relacionamento, Paul e eu gostaríamos de poder frequentar os nossos restaurantes caros favoritos. Lamentávamos o fato de que não podíamos nos dar a esse luxo. Ao mesmo tempo, saíamos para comer duas, três e até quatro vezes por semana em uma cadeia de restaurantes razoável, em que gastávamos, em média, de 35 dólares a 50 dólares o casal. Não gostávamos da comida, mas continuávamos indo a esse lugar ou a um *fast food* muitas e muitas vezes.

Por que continuávamos a sair para comer? Porque nossa despensa em casa estava vazia. Não conseguíamos nos organizar o suficiente para poder cozinhar em casa regularmente – e o triste é que nós dois realmente gostamos de cozinhar.

Um fim de semana, após mais um almoço medíocre fora, concordamos em começar a cozinhar em casa. Levamos algum tempo para nos ajustar, mas, com um pouco de planejamento, passamos a preparar e comer pratos deliciosos que custam muito menos do que uma refeição no restaurante que costumávamos frequentar antes.

Além disso, quando passamos a cozinhar em casa, percebemos que para cada três vezes que deixávamos de ir a essa cadeia de restaurantes, podíamos bancar um jantar em um restaurante caro.

Com exceção do nosso Ritual da Pizza de Quarta-Feira à Noite na Pizzaria Round Table (na quarta-feira a pizza custa metade do preço; assim, nossa pizza grande de *pepperoni* e abacaxi com massa grossa sai por apenas 12 dólares), só jantamos fora uma vez por mês. Essas oportunidades se transformam em uma experiência especial, em que nos regalamos com aperitivos, coquetéis, jantar e sobremesa. É um evento que aguardamos com ansiedade e que procuramos desfrutar completamente.

Economize dinheiro e não coma fora só por hábito ou cansaço. Faça isso porque quer ir a um restaurante especial. Um amigo nosso disse uma vez que só come em restaurantes que preparam uma comida melhor do que ele. Essa é uma ótima filosofia para se seguir. Por que pagar alguém por alguma coisa que você pode fazer tão bem quanto ou ainda melhor?

Você pode economizar ainda mais quando sai para comer. Se almoçar fora em vez de jantar fora, pode gastar de 10% a 15% menos em qualquer restaurante. Além disso, muitos restaurantes oferecem descontos em certas noites de menor movimento. Pesquise.

Muitos restaurantes permitem que os clientes levem sua própria garrafa de vinho, o que representa uma economia de 30 reais ou mais. Contudo, lembre-se de que, nesse caso, costumam cobrar uma taxa (eles chamam de "cobrar a rolha"). Por isso, procure se informar antes de sair de casa.

Não tenha vergonha de usar os sites de compra coletiva e de descontos em restaurantes. O restaurante investiu dinheiro para isso como uma forma de publicidade. Eles querem que você os use porque a querem como cliente. Visite sites de compra coletiva para ter acesso a ofertas especiais.

Lembre-se: comer fora deve ser uma atividade que você faz por prazer, e não porque está muito cansada para cozinhar.

Vida social

Sair com os amigos pode ser um desses programas que consomem nosso dinheiro. Se você não for cuidadosa, uma só noite poderá torrar seu dinheiro para despesas do mês inteiro.

Essa pode ser uma área complicada, pois seus amigos podem estar em uma situação financeira diferente da sua ou não tão preocupados com as finanças pessoais quanto você. Infelizmente, não existe uma única solução para esses casos. Como sugere Suze Orman, especialista em finanças, conte para seus amigos sua intenção de economizar. Propor alternativas menos dispendiosas ou dizer não se você não quiser sair podem ser sua melhor opção.

Embora possa ser tentador, não esconda sua situação dos seus amigos. Não há vergonha em economizar dinheiro para gastar com as coisas que são importantes para você. Na verdade, trata-se de uma atitude poderosa, pois você está assumindo o controle das suas finanças, em vez de deixar seus amigos influenciarem seus gastos.

Observação: não se sinta frustrada nem pense que seus amigos podem se dar ao luxo de jantar fora todo fim de semana, comprar roupas novas e viajar à vontade. Como eu disse, a situação financeira de cada um é diferente. Eles podem não estar tão preocupados com suas escolhas. Além disso, pode ser que eles prefiram gastar seu dinheiro para sair nos finais de semana, comprar roupas e viajar, economizando em outras áreas.

Independentemente da situação de cada um deles, lembre-se: comparar suas finanças com as dos outros é uma atitude perigosa. Não faça isso.

Não importa como você vai passar seu tempo livre, divirta-se e seja inteligente.

10 ótimas sugestões para lazer e diversão

1. Se você costuma viajar por determinadas companhias aéreas, inscreva-se para receber em seu e-mail informativos promocionais e esteja entre os primeiros a saber das ofertas de passagens aéreas com desconto.
2. Você tem uma boa quantidade de tralhas em sua casa para organizar um bazar? Investindo algumas horas de organização e um fim de semana para a venda, você poderá levantar dinheiro suficiente para uma pequena viagem.
3. Quantos DVDs você costuma comprar? Quantos ainda estão na embalagem de celofane? Se a resposta for mais do que cinco – pare de comprar e comece a alugar.
4. Se você se sente mal por causa de todos esses filmes jamais assistidos que estão acumulando pó na sua prateleira, venda-os em sebos. O mesmo vale para os livros que você já não quer mais.
5. Convide seus amigos para uma festa de troca de livros e DVDs. Transforme a ocasião em um evento servindo bebidas e canapés.
6. Quando sair para comer fora com um grupo grande de pessoas, leve dinheiro em notas pequenas. Assim, será muito mais fácil para você pagar sua parte.
7. Crie maneiras de tornar os prazeres simples ainda mais agradáveis. Vai ficar em casa para assistir a um filme? Faça um balde de pipoca.
8. Comemore as estações do ano. Organize uma festa do sorvete no verão. Vá patinar no gelo durante o inverno. Descubra um lugar bonito para fazer um piquenique na primavera.
9. Se você estiver viajando com um grupo grande de pessoas, pense em alugar uma casa para todos em vez de se hospedar em quartos individuais de um

hotel. Assim, você gastará menos com acomodação e terá uma cozinha para preparar parte das suas refeições.

10. Aproveite os eventos gratuitos da sua cidade, como sessões de cinema ao ar livre, festivais de arte e de música etc. É uma oportunidade para conhecer sua comunidade.

Capítulo 8

O guarda-roupa

A história de Melissa

Quando me mudei para São Francisco, não conseguia entender como tantas colegas de trabalho podiam se dar ao luxo de comprar roupas novas toda semana. Recebíamos basicamente o mesmo salário e eu mal conseguia pagar o aluguel e muito menos gastar 200 reais em uma roupa nova todo fim de semana.

Então conheci Jessica. Ela tinha um estilo chique e arrojado, em uma época em que o *twin-set* estava no auge e duas ou três colegas chegavam ao trabalho vestindo literalmente o mesmo conjunto de blusa e casaquinho. Jessica jamais apareceu vestindo a mesma roupa que as outras usavam. Tinha um estilo elegante e sensual absolutamente só dela!

Costumava perguntar-lhe onde ela conseguia aquelas roupas e ela sempre me dizia que as havia comprado em bazares, promoções e em brechós.

Logo percebi que havia outra razão para eu me sentir atraída pela aparência de Jessica, e isso nada tinha a ver com as roupas que ela usava. Era sua atitude. Seu semblante ostentava tranquilidade e controle, bem distante daquele olhar assustado de quem diz "nossa, tenho uma dívida de 10 mil reais e não consigo sair dessa situação".

Assim que reconheci em Jessica o comportamento tranquilo de quem está no controle, percebi que muitas colegas de trabalho estavam endividadas.

Elas não estavam colocando suas finanças em primeiro lugar. Consequentemente, ainda estavam pagando seus conjuntos de blusa e casaquinho anos após a moda do *twin-set* ter terminado.

Aprendi muitas coisas com Jessica: você não precisa gastar uma fortuna em roupas para se vestir bem e estilo não se encontra em shopping. Jessica se tornou uma verdadeira guia de estilo e de finanças para mim. Com apenas 24 anos de idade, ela comprou sua primeira casa – no aquecido mercado imobiliário de São Francisco. Isso que é economizar dinheiro nas coisas que não são tão importantes para você para que possa gastar com as coisas que são!

Os nossos armários de roupas podem ser um turbilhão de estresse físico e emocional. Eles costumam estar abarrotados de compras infelizes, roupas que não servem mais mas você não está disposta a desistir delas e peças órfãs que não combinam com nada que você possui.

A mulher média usa 20% do seu guarda-roupa durante 80% do tempo. Isso significa que 80% das suas roupas estão apenas ocupando espaço, sendo que muitas delas nunca foram usadas e ainda exibem as etiquetas das lojas. Nos Estados Unidos, é comum fazer compras por comprar, em vez de fazer compras com um propósito. Compramos roupas aleatoriamente, esperando que a próxima peça possa recompor nosso guarda-roupa inteiro como em um passe de mágica.

A sua missão financeira inteligente é criar um guarda-roupa repleto de roupas que fiquem bem em você e a façam se sentir bem. Seu objetivo é usar 80% do seu guarda-roupa durante 80% do tempo. Imagine-se abrindo seu armário toda manhã sabendo que todas as peças ali dentro servem e ficam bem em você. Nada de experimentar quatro peças antes de encontrar uma que seja razoável. Nada de vasculhar as roupas que você nunca vai usar, procurando por uma das poucas peças que você usa pelo menos uma vez por semana.

Então, como conseguir esse guarda-roupa mágico? Em primeiro lugar, é preciso examinar tudo o que você já possui.

Neste capítulo, veremos:

- Como examinar seu armário.
- Como identificar suas necessidades.
- Como organizar seu guarda-roupa.
- Como ficar longe do shopping.
- Estratégias de compra.
- Cuidados com suas roupas.

Examine seu armário

É irônico, mas é verdade: quanto menos roupa você tiver, mais de fato vai usá-las. Para este primeiro passo, você vai precisar de um espelho de corpo inteiro. Se ainda não possuir um, precisa comprar. Um espelho de corpo inteiro é uma ferramenta fundamental para criar um visual impecável. Sem o espelho, é muito fácil sair de casa com a saia presa na calcinha. Um espelho de corpo inteiro também vai ajudá-la a decidir quais roupas em seu armário realmente ficam bem em você.

Para começar, abra seu armário e experimente cada uma das suas roupas. **Não pule esta parte**. É absolutamente necessário que você experimente **todas as peças**. Imagine como se estivesse no provador de uma loja. Decida se deseja ou não manter uma peça, perguntando a si mesma se a compraria novamente. Seja muito, muito exigente. Lembre-se: seu objetivo é criar um guarda-roupa repleto de roupas que fiquem bem em você e a façam se sentir maravilhosa. Se você não estiver se sentindo tão bem em alguma peça, livre-se dela.

À medida que você for examinando seu guarda-roupa, separe as peças que serão doadas ou vendidas, sem se esquecer de também separar as roupas que deseja manter mas que precisam de conserto, como pregar um botão ou fazer a bainha. Vamos falar sobre o que fazer com sua pilha de roupas para consertar um pouco mais adiante.

Não se sinta culpada em relação ao dinheiro que você gastou nas peças que separou para doar. Isso não é razão para se manter presa a alguma coisa. Se você se sentir realmente mal, pense em vendê-las para um brechó físico ou *on-line* para recuperar parte das suas despesas.

Gavetas

Assim que terminar com seu armário, realize o mesmo processo com suas gavetas. Examine meias, *lingerie* e pijamas. Tudo o que tiver um buraco que não pode ser consertado, ou que você sabe que não vai consertar, jogue fora. As meias são confortáveis? Se não, separe-as para doação. Sua roupa íntima para o dia a dia é confortável e prática? Se não, livre-se dela. Lembre-se: sem culpa!

Lingerie

Você realmente tem usado sua *lingerie* mais sensual e bonita? Se não, procure usar as peças que você tem pelo menos uma vez nos próximos trinta dias. Para isso, não precisa de uma ocasião especial. Seja para agradar a si mesma ou à sua cara-metade, vista sua *lingerie* apenas por diversão. Se não usar o que tem em trinta dias, provavelmente nunca usará, então pense em se livrar dela.

Sapatos

Você está guardando sapatos que nunca vai usar outra vez e que estão ocupando um espaço precioso? Livre-se deles. Se os sapatos machucam seus pés ou você, simplesmente, não gosta mais deles, doe-os. Separe os pares que precisam de graxa ou que precisam ir para um sapateiro.

Enquanto realiza esse processo, lembre-se de que você está criando espaço para calçados novos que vai comprar. Pense em seu guarda-roupa como sua butique pessoal. Todas as coisas precisam estar bem à vista, assim você pode pegar o que quiser e sair. Além disso, é muito mais fácil montar um visual criativo quando você não tem que vasculhar peças no meio da bagunça e pode ver tudo o que possui. Mais uma vez, seja muito exigente em relação ao que você vai manter.

Acessórios

Examine seus acessórios com o mesmo rigor que dedicou ao seu armário e as gavetas. Pense na última vez que usou determinado complemento. Se fizer mais de um ano, provavelmente você não vai usá-lo novamente. Então, livre-se dele. Uma caixa com acessórios em bom estado é um ótimo presente para uma menina que gosta de brincar de ser adulto.

Joias e bijuterias

Para nós, joias e bijuterias costumam ter mais valor sentimental do que roupas ou acessórios. Com isso em mente, é provável que você guarde mais do que separe para doação. Ainda assim, é importante examinar suas bijuterias e se livrar de tudo aquilo de que você simplesmente não gosta mais. Se tiver joias de ouro que não deseja mais, dependendo do mercado, poderá vendê-las por um bom preço.

Reserve alguns minutos para limpar aquelas peças manchadas ou sujas. Você nunca vai ter tempo para limpá-las logo na hora de usá-las, por isso aproveite para fazer isso agora.

No final de todo esse processo, você deverá ter examinado e revisado todas as peças do seu guarda-roupa. Você não terá o controle completo sobre seu guarda-roupa até terminar todo esse trabalho.

A roupa nova da rainha

Se você pretende fazer uma revisão completa em seu guarda-roupa e substituir tudo, o melhor é realizar o processo em etapas. Caso contrário, um dia você terá de ir trabalhar usando apenas calcinha e sutiã porque não tem mais nada para vestir. Assim, em vez de se livrar de tudo ao mesmo tempo, mantenha um guarda-roupa enxuto e, à medida que for comprando peças novas, livre-se imediatamente de uma roupa velha. Não pendure nada novo sobre ela. É como queimar uma ponte. Não se arrisque a voltar ao seu velho hábito de guardar roupas de que você não gosta.

Inventário

Terminado o trabalho de revisar seu armário, é hora de realizar um inventário de tudo o que você decidiu manter e, assim, poder elaborar uma lista das peças que precisa comprar de acordo com suas necessidades. Aqui, as coisas podem ficar mais complicadas. As necessidades de cada pessoa são diferentes. Saber o que comprar depende do seu estilo de vida. Se você é dona de casa, não precisa investir em um terninho executivo, mas alguns pares de *jeans* e calças cáqui serão usados toda semana. Se você trabalha em um ambiente de negócios, encontrar roupas que você possa usar tanto para trabalhar quanto para sair duplicará o valor do seu investimento.

A internet e as livrarias estão repletas de fontes úteis para quem deseja montar seu guarda-roupa pessoal. *The Lucky shopping manual: Building and improving your wardrobe piece by piece* [O guia de compras da revista Lucky: Como montar e remodelar seu guarda-roupa peça por peça], de Andrea Linett e Kim France, e *How to be a budget fashionista: The ultimate guide for looking fabulous for less* [Como ser uma *fashionista* sem extrapolar o orçamento: O guia definitivo para ficar maravilhosa por menos], de Kathryn Finney, são os meus livros favoritos.* Se você estiver encontrando dificuldades para definir quais são suas necessidades, essas duas fontes são um bom lugar para começar.

O importante a pensar no momento de elaborar a lista básica para seu guarda-roupa é o que você costuma usar tanto nos dias de trabalho quanto nos finais de semana. Para dar um exemplo, meu estilo é casual com um toque da moda executiva. Durante a semana, posso usar um terninho em uma palestra ou calças, sapatos de salto alto e uma camisa solta sobre uma blusa de malha em uma reunião de trabalho. Nos finais de semana, vivo de *jeans* e tenho um "uniforme" que consiste de uma camiseta ou uma regata usadas sob um moletom com capuz. Não sou louca por sapatos, mas recentemente confessei ter uma queda por botas.

Meu guarda-roupa básico inclui:

1. Calça comprida preta.
2. Calça comprida cinza.

---

* No Brasil, há diversos livros sobre o tema. Um dos mais vendidos é o *Chic*, de Glória Kalil (Senac São Paulo, 2011). Outro exemplo é o *Esquadrão da moda* (Ediouro, 2007), de Clinton Kelly e Stacy London. (N. E.)

3. Jeans finos.
4. Jeans para o dia a dia.
5. Vestido preto curto.
6. Um adorado casaco *vintage* que minha avó me deu.
7. Jaqueta de náilon para o inverno.
8. Camisas de gola (em três cores diferentes).
9. Blusas de gola rolê (uma preta e outra marrom).
10. Suéter marrom.
11. Botas pretas.
12. Botas caubói (para andar a cavalo com meu pai).
13. Escarpins pretos.
14. Sapatilhas pretas.
15. Camisetas variadas.
16. Blusas variadas.
17. Moletom preto com capuz.
18. Echarpes variadas.
19. Pulseiras e colares variados.

Também tenho um velho par de tênis, um velho par de jeans e um velho moletom com capuz que uso para cuidar do quintal ou fazer o serviço doméstico particularmente pesado.

Tenho um guarda-roupa enxuto e uso 80% das roupas que estão no meu armário dentro de um período de duas semanas. A lista acima não inclui tudo o que tenho, mas relaciona as peças básicas do meu guarda-roupa.

Como você pôde observar, não tenho nenhuma saia em minha lista e o único vestido que possuo é um modelo curto na cor preta. A razão para isso é que eu não me sinto tão confortável vestindo saias e vestidos, então não compro esse tipo de roupa para usar no dia a dia.

Agora vem a parte divertida. Sozinha ou com a ajuda de um livro, site ou amiga de confiança, comece a elaborar a lista básica para compor seu guarda-roupa.

Pense nas peças essenciais de que você precisa para trabalhar durante a semana e também para usar nos fins de semana. Em sua lista, você pode incluir:

- Calças.
- Blusas e camisas.
- Vestidos.
- Saias.
- Sapatos.
- Jaquetas.
- Roupa íntima.

Além do seu guarda-roupa básico, inclua roupas para ir a uma entrevista de emprego, a um casamento de última hora e a uma noitada. Esse três tipos de traje podem levá-la a extrapolar seu orçamento e a perder muito tempo. É melhor procurar essas peças enquanto sai para comprar o resto do seu guarda-roupa do que ter de correr para comprá-las no último minuto, possivelmente gastando mais dinheiro do que pretende e sem encontrar exatamente o que quer.

Depois de elaborar a lista do seu guarda-roupa básico, faça uma lista separada das roupas que você ainda não possui. Essa é sua lista de compras. Mantenha essa lista com você o tempo todo. Você nunca sabe quando vai ter a oportunidade de encontrar uma loja. Além disso, a lista vai mantê-la focada no que realmente precisa. Até que seu guarda-roupa seja remontado, não se separe dessa lista.

Uma palavra sobre pijamas

No processo de reinventar seu guarda-roupa, por que também não repensar o que você veste na hora de dormir? Investir em novos pijamas (dois conjuntos, de maneira que possa usar um enquanto o outro está na lavagem) é um gesto de delicadeza consigo mesma. Você, simplesmente, poderá dormir melhor vestindo algo que lhe fica bem e a faz feliz, e não aquela camiseta furada e aquele *legging* rasgado que você costuma usar.

Uma palavra sobre sutiãs

Verifique se você tem o sutiã certo para usar sob sua roupa, para não correr o risco de não poder vestir uma peça só porque não tem o suporte correto para ela. Usar o sutiã certo pode valorizar um *look*, mas um sutiã errado é capaz de destruir seu visual.

Orientação profissional

Um guarda-roupa é muito pessoal e você precisa decidir o que funciona melhor para seu estilo de vida. No entanto, para algumas, isso pode ser muito difícil de determinar. Se esse for seu caso, investir em uma ou duas sessões com um consultor de estilo pode valer a pena. Um consultor de estilo não apenas irá ajudá-la a decidir o que está faltando em seu guarda-roupa como também pode lhe dizer quais cores e tecidos combinam melhor com sua pele. Esse investimento lhe trará um retorno positivo ao longo do tempo. Saber o que fica bem em você pode poupar tempo na hora de comprar suas roupas, pois somente experimentará peças nas cores e estilos que lhe caem bem, em vez de ter que experimentar tudo. Além disso, vai tomar melhores decisões, economizando dinheiro em peças que, na loja, pareciam lhe ficar bem, mas, depois de usá-las uma ou duas vezes, percebe que elas não eram nem um pouco adequadas.

Se um consultor de estilo está fora do seu orçamento, não há problema. Como vimos anteriormente, existe um grande número de informações e recursos maravilhosos esperando lá fora para ajudá-la a se instruir.

Organize

A falta de organização é um dos maiores problemas a limitar as roupas que realmente usamos. Muitas mulheres nem sequer sabem o que têm. E, pior, como não sabem o que têm, muitas vezes, compram as mesmas roupas.

Depois de revisar e inventariar seu guarda-roupa, chegou a hora de organizá-lo! Será bem mais fácil organizar seu armário agora, antes de começar a enchê-lo com as novas compras. Ao terminar de organizá-lo, você ficaria orgulhosa em mostrá-lo para qualquer pessoa.

Uma maneira de reinventar seu guarda-roupa é imaginá-lo como uma butique. Tudo deve ser apresentado de uma maneira que seja facilmente visível. No entanto, o cérebro de cada pessoa funciona de uma forma um pouco diferente quando se trata de organização. No meu caso:

- Gosto de arrumar as roupas por tipo e, então, por cor.
- As roupas que não uso regularmente são dispostas nos espaços menos acessíveis do armário, incluindo casacos e terninhos.
- Procuro pendurar todas as minhas roupas, incluindo as camisetas. Se ficarem em gavetas, não consigo vê-las e, por isso, não vou usá-las.

Mais uma vez, cada pessoa é diferente e você precisa fazer o que funciona melhor no seu caso.

Depois de organizar seu armário, organize acessórios, sapatos e joias. Os acessórios devem estar acessíveis e fáceis de ver. Talvez você possa pendurar as echarpes em um gancho na parte de trás da porta do seu armário. Arrume suéteres e bolsas em prateleiras.

Observação: Escolha uma prateleira do seu armário para guardar um frasco de aromatizador de roupas e uma lata de cera para polir sapatos para retoques rápidos.

Outra opção é colocar ganchos no armário para pendurar bijuterias, deixando tudo bem a mostra. Muitas mulheres não usam joias ou acessórios tão frequentemente quanto gostariam (ou usam sempre as mesmas peças várias vezes) porque simplesmente não têm tempo para vasculhar as gavetas atrás do que realmente querem usar.

Saiba como comprar para você

Para a maioria das mulheres, a roupa pode ser tanto nossa amiga quanto nossa inimiga. Você deve ter uma ou duas peças em seu guarda-roupa que fazem você se sentir bem – o resto são apenas "roupas". Um armário cheio de roupas que ficam maravilhosas no cabide, mas não em você, suga sua carteira e sua autoestima.

Agora que você livrou seu armário de todas as peças que não lhe ficam bem, precisa descobrir por que se sente bem nas suas roupas favoritas. Comece com aquelas poucas peças que você gosta de usar. É o decote que faz você ficar bem? A cor? O corte? Assim que conseguir entender qual tipo de roupa mais a favorece, procure comprar peças semelhantes. É muito fácil! Por exemplo, tenho três blusas de gola drapeada porque alonga o pescoço, o que favorece o meu tipo físico.

Se você ainda está com dificuldades para descobrir o que fica bem em seu corpo, o livro *Style RX: Dressing the body you have to create the body you want* [Receita para um estilo: Como vestir o corpo que você tem para criar o corpo que você quer], de Bridgette Raes e Lori Berkowitz, é excelente. O título já diz tudo. Com mais de 250 fotografias, o livro ajuda você a entender as proporções do seu corpo, parte por parte, e oferece sugestões de roupas apropriadas a cada biotipo.*

Preparando-se para as compras

Após inventariar seu guarda-roupa e elaborar sua lista de compras, carregue-a em sua bolsa. Quando estiver prestes a entrar em uma loja, consulte-a. A lista vai ajudá-la a se manter focada nas coisas de que você realmente precisa. Lembre-se: até que tenha completado ou esteja perto de completar seu guarda-roupa novo, concentre seus gastos e compre apenas os itens indicados em sua lista. Não se deixe desviar do seu objetivo.

Existem várias escolas de pensamento quando se trata de sistemas de compras. Quando eu trabalhava na área de relações públicas, minha chefe Theresa viajava para sua casa em Boston no final do outono e no final da primavera. Ela comprava

* Veja também as seguintes fontes em português: PEZZOLO, Dinah Bueno. *Na moda sem erro. Do berço à terceira idade para todas as ocasiões*. São Paulo: Senac São Paulo, 2011; MATHIAS, Milla. *Quem disse que você não tem nada para vestir? Como ter um guarda-roupa que valoriza a sua imagem*. São Paulo: Matrix, 2009; AGUIAR, Titta. *Personal Stylist. Guia para consultores de imagem*. São Paulo: Senac São Paulo, 2003; http://discoverymulher.uol.com.br/guia-de-moda. (N. E.)

roupas para o ano durante essas duas visitas. Suas compras costumavam ser uma maratona de fim de semana, pois ela aproveitava o final da temporada de liquidações.

Por outro lado, Jessica fazia compras regularmente e costumava visitar suas lojas favoritas à procura de pechinchas. Meu estilo de compras tem um pouco desses dois sistemas. Duas ou três vezes por ano, reservo um dia inteiro para ir às compras com a minha mãe. Ela sempre me incentiva a experimentar alguma coisa que, às vezes, deixo de notar e, assim, acabo entrando em lojas que eu não tinha pensado em visitar.

Além disso, procuro parar em, pelo menos, uma das minhas lojas favoritas cada vez que recebo meu salário.

Encontre a garota francesa que existe dentro de você

Tenho grande admiração pelos franceses por seu senso de estilo, seus hábitos alimentares e sua inteligência financeira. Seus hábitos de compra são dignos de nota e de cópia. O seguinte trecho do livro *Entre nous – A woman's guide to finding her inner french girl* [Entre nós – Guia de uma mulher para encontrar a garota francesa que existe dentro dela], de Debra Ollivier, resume seus hábitos de compras.

Como comprar como uma garota francesa

Se ela não puder pagar, ela não compra. Se uma roupa não serve (ou não a faz se sentir bem, ou não valoriza o que ela tem), ela não usa. Se não consegue encontrar o que quer, ela não se arrisca. Se ela ama uma roupa, ela não a larga. Ela a reusa, a repensa, deixa-a envelhecer.

Quando uma garota francesa vai às compras, esse não é um ato isolado de comprar algo novo. É parte de um processo de toda a vida para reelaborar seu ambiente, fazendo pequenos, mas significativos, acréscimos ou ajustes na sua casa, no seu armário, na sua vida.

Quando você compra como uma garota francesa, compra apenas um exemplar seja do que for – procurando se certificar de que é o melhor que você pode pagar.

Como você pode discutir com uma cultura conhecida por seus hábitos financeiros inteligentes e seu estilo fantástico?

Invista no básico

Todas nós amamos uma boa pechincha, mas quando se trata do nosso guarda-roupa básico, o melhor é investir. A "calça preta" é um bom exemplo de peça básica que precisa durar. Você pode acabar pagando mais por uma peça desse tipo, mas, considerando que vai usá-la muito mais vezes, o preço por uso faz valer a pena. Quanto mais você usar uma peça, mais fará sentido pagar por ela. Assim, você garante que a roupa dure mais.

Um terninho executivo básico de boa qualidade que não vai sair de moda vale o quanto custa. Uma blusa da última tendência que vai estar fora de moda em três meses não vale. Lojas de moda descartável, como H&M e C&A, são lugares ótimos para encontrar roupa da moda a preços acessíveis, mas que você vai usar apenas poucas vezes.

Depois de montar seu guarda-roupa básico e tudo em seu armário lhe cair bem, então você pode se divertir acrescentando outras peças a ele. Apenas tome cuidado para não comprar nenhuma órfã. Órfãs são peças que não combinam com nenhuma outra roupa em seu armário. Quantas órfãs você identificou durante o inventário do seu armário? Procure comprar peças que você possa usar com as roupas que já possui.

Bridgette Raes, consultora de estilo, também acredita que o objetivo de uma mulher é sempre comprar roupas que fiquem bem com uma ou mais peças que possui. Ao mesmo tempo, acredita ela, se uma pessoa deseja diversificar, então pode comprar peças que não se encaixam com seu guarda-roupa atual. "No entanto", diz Bridgette, "sempre saliento a importância de comprar algo que combine com a nova peça, a fim de evitar a criação de um orfanato no armário. Muitas pessoas compram uma peça pensando que vão acabar comprando alguma outra coisa para usar com ela. Isso nunca acontece e elas, muitas vezes, acabam com roupas penduradas no armário ainda com as etiquetas... eis aí o nascimento de uma órfã".

Muitas peças órfãs nunca encontram um par e, mais tarde, acabam indo parar em uma pilha de roupas para doação. Tentar combinar peças órfãs todas as manhãs toma um tempo precioso. Lembre-se: seu objetivo é encher seu armário com roupas que você possa usar 80% do tempo.

Evitar órfãs é especialmente importante se você tiver esvaziado a maior parte do seu armário e, agora, estiver começando do zero. Nessa etapa, é fundamental que cada peça de roupa faça sua parte. Estabeleça regras. Para que uma peça seja incorporada ao seu armário, ela tem de combinar com alguma coisa que você já possui.

Fique longe do shopping

De vez em quando, evite fazer compras em shoppings. Brechós e lojas *vintage* não oferecem apenas roupas baratas, mas também uma variedade que você não encontra em redes de lojas como a Old Navy, Gap e Banana Republic, que, aliás, pertencem todas a uma mesma empresa.

Os consultores de estilo dizem isso o tempo todo. Nunca copie inteiramente uma tendência ou o estilo de uma pessoa. Tome alguns elementos desse *look* e transforme-os do seu jeito. Ficar longe do shopping e comprar em lojas de segunda mão – onde ninguém mais está comprando – é uma ótima maneira de começar.

"Moda é uma coisa que você compra, estilo é uma coisa que você possui!"
Carine Roitfeld,
Editora-chefe da *Vogue* francesa

Estratégias no brechó

Comprar em brechós pode ser bem cansativo. Eles nem sempre são organizados como as lojas tradicionais e pode ser difícil saber por onde começar. Minha estratégia número um é comprar na parte da manhã. Em geral, a loja foi arrumada na noite anterior e ainda está organizada. Além disso, os provadores são menos concorridos nessa hora do dia.

Evite perambular. Comece em uma extremidade da loja e, sistematicamente, olhe cada arara. Ao experimentar as roupas, examine-as com rigor. Não vale a pena investir em peças com manchas ou rasgos. No entanto, se você se apaixonar por uma roupa, esteja disposta a refazer uma costura que está desmanchando ou a substituir um botão.

Uma das coisas que adoro quando compro em brechós é que tenho a oportunidade de experimentar roupas que, normalmente, não experimentaria. Encontre uma jaqueta com *design* arrojado que custa 150 reais por apenas 10 reais. Invista esse dinheiro e veja como se sente ao usá-la durante alguns meses. Se a jaqueta permanecer mais tempo no armário do que em uso, considere os 10 reais uma espécie de investimento em experimentação e livre-se da peça. Então, você terá certeza de que aquele estilo, simplesmente, não é para você.

Lembre-se: se você estiver em pleno processo de remodelar seu guarda-roupa, o melhor é se limitar à sua lista de compras e não comprar a "jaqueta arrojada". Você pode experimentá-la depois de ter montado seu guarda-roupa básico.

Por fim, é preciso ter cautela ao fazer compras em brechós: como as roupas custam uma fração do que normalmente custariam, é muito fácil comprar em excesso. Seja comprando em um brechó ou em uma loja de departamentos, é fundamental que você só leve para casa peças que adorou e que lhe ficam bem.

Estratégias em *outlets*

Lojas de *outlet* oferecem saldos de estoque e peças com defeito. Aquelas que vestem números grandes ou muito pequenos podem se dar bem nesse tipo de loja.

Se possível, faça suas compras no meio da semana, quando você pode encontrar as melhores opções em lojas menos movimentadas.

Além disso, verifique se o *outlet* da sua marca favorita oferece um cartão aos clientes assíduos. Muitas vezes, você pode conseguir descontos ainda maiores em peças que já estão com desconto.

Um guia para as lojas *vintage*

Quando se trata de roupas, o termo "vintage" significa tudo o que foi feito entre a década de 1920 e meados da década de 1970. Já "antigo" significa tudo o que foi feito antes da década de 1920 e isso também quer dizer caro!

Se você gosta da ideia de usar roupas *vintage*, mas não consegue visualizar como fazê-lo funcionar para seu guarda-roupa, procure encontrar um vestido *vintage* para usar em ocasiões especiais.

Para conseguir os melhores preços, procure por esse tipo de roupa em mercados de pulgas, na internet ou em brechós. Caso contrário, vai pagar pela etiqueta "vintage".

Procure conhecer uma loja *vintage* (não custa nada olhar e fazer perguntas), mas, se souber o que você está buscando, procure pelas pechinchas.

Ao comprar na internet, verifique as medidas reais da peça, e não apenas o tamanho. O tamanho 42 de um vestido *vintage* é muito menor do que um vestido do mesmo tamanho feito hoje.

Estilistas acessíveis

Em 2004, o estilista norte-americano Isaac Mizrahi provocou uma revolução na moda ao lançar uma linha de roupas a preços acessíveis para uma loja popular de departamentos nos Estados Unidos. Desde então, outros templos da moda seguiram seu caminho, incluindo:

- Vera Wang para a Kohl's.
- Jean Paul Gaultier para a Target.
- Karl Lagerfeld para a H&M.
- Stela McCartney na C&A.

Com isso, a alta moda está ao alcance do seu guarda-roupa por uma fração do que custaria. A maioria dos estilistas oferece coleções de edição limitada. Se você se apaixonar por uma peça desenhada por um deles, talvez não deva esperar por uma liquidação, pois ela pode não durar tempo suficiente nas prateleiras para ser vendida com desconto.

Você pode realmente vestir essa roupa?

Ao fazer compras, reserve bastante tempo para experimentar as roupas. Leve o tempo que for preciso no provador. Vista as roupas; depois, sente-se, curve-se e finja que está dirigindo ou digitando para se certificar de que servem adequadamente.

Um dos aspectos da elegância é vestir suas roupas sem esforço. Se suas roupas não servem adequadamente (muito pequenas ou muito grandes), são desconfortáveis ou constantemente precisam de ajustes, então exigem esforço. A situação ideal é aquela em que você veste sua roupa de manhã e não precisa mais pensar nela novamente até tirá-la à noite. As roupas que fazem você parecer e se sentir bem vão ser usadas regularmente e não relegadas ao fundo do armário, onde deixam de ser roupas para se transformarem em bagunça.

Pedir, emprestar e trocar

Com seu guarda-roupa básico definido, o próximo passo vai ser comprar acessórios para ocasiões especiais, como uma bolsa de festa, um xale ou um colar arrojado. Nesse meio tempo, pense em emprestá-los de uma amiga. Mesmo depois de ter montado um ou dois *looks* completos para ocasiões especiais, ainda pode ser divertido fazer compras no armário de uma amiga. Apenas se lembre de devolver todas as coisas imediatamente após o evento e nas mesmas condições em que foram emprestadas a você. Além disso, disponha-se a emprestar seus próprios acessórios quando sua amiga precisar.

Comprando sapatos

Assim como no caso das suas roupas, você deve se esforçar para usar 80% da sua coleção de sapatos durante 80% do tempo. Faça-os valer o investimento neles.

Tenha calma ao experimentar sapatos. Caminhe com eles por toda a loja. Se forem muito grandes, muito pequenos ou um pouco de cada coisa, deixe-os na loja. Você já viu uma mulher usar sapatos que machucam? Ela caminha de uma maneira que está bem longe de ser elegante. Sejam sapatos de salto alto, botas, *peep toes* ou sapatilhas, certifique-se de que são confortáveis.

Uma das coisas de que gosto nas lojas *on-line* de calçados, como dafiti.com.br e netshoes.com.br, são as avaliações. Escolhi meus escarpins baseada nos comentários deixados por pessoas que afirmavam que eles eram confortáveis para caminhar. Com a política de devolução grátis da Dafiti, você pode experimentar seus sapatos à vontade para ter certeza de que vão funcionar para você.

Observação: Faça seus sapatos durarem o dobro do tempo não saindo com eles dois dias seguidos. Ter um dia de folga lhes dará tempo para descansar e arejar.

O efeito sanfona e seu armário

Minha mãe é uma das mulheres mais elegantes que conheço. Durante toda a minha vida, ouvi minhas amigas comentarem suas roupas e como ela sempre estava bem. No entanto, minha mãe sempre lutou com seu peso e, desde que me lembro, ela tem sofrido com o efeito sanfona. Consequentemente, seu armário estava repleto de roupas com tamanhos entre 42 e 50 e, por isso, ela só conseguia usar 10% do seu guarda-roupa. Rindo, mas com toda a seriedade, ela me confessou que, em um certo momento, chegou a pensar em pegar os marcadores de tamanho que você vê em lojas de roupas para colocar em seu armário.

Em fevereiro de 2009, depois de ver as histórias bem-sucedidas de emagrecimento do programa FFIT, o programa de treinamento intensivo da nossa academia Fearless Fitness de que falamos no capítulo 1, ela me pediu alguns conselhos sobre nutrição e exercícios. Então, começou a comer mais frutas e verduras, grãos integrais e proteínas magras, incluindo guloseimas ocasionalmente. Ajudei-a a criar hábitos saudáveis que a fizeram aproveitar ainda mais as porções controladas de comida. Uma dieta equilibrada, juntamente com sua paixão pelo golfe, ajudou-a a deixar o efeito sanfona para trás e a manter um corpo saudável e bonito tamanho 44.

Logo que alcançou seu peso ideal, eu a incentivei a se livrar de tudo que não lhe servia mais. Assim, ela eliminou três sacos de lixo de 150 litros cheios de roupas. Hoje, ela pode pegar qualquer coisa no seu armário e vestir. Para ela, isso representa uma economia de cinco a quinze minutos todas as manhãs e uma autoestima que deixou de ser maltratada todos os dias quando vai se vestir.

A história da minha mãe não é extraordinária. É comum termos dois ou três tamanhos em nosso armário e ficar experimentando várias combinações toda manhã para encontrar uma que sirva.

Durante o inventário das suas roupas, você deve ter eliminado as roupas que não servem, seja porque eram grandes demais ou pequenas demais. Não guarde roupas pequenas demais apenas como estímulo para emagrecer ou porque você não quer ter que comprar roupas novas quando perder peso.

Minha amiga Jackie possuía uma série de roupas em seu armário que eram pequenas demais para ela, mas as guardava como incentivo na esperança de emagrecer e, assim, voltar a usá-las. Infelizmente, no momento em que ela, finalmente, perdeu peso, as roupas já tinham caído de moda e ela acabou doando todas de qualquer maneira.

As suas roupas são excelentes barômetros para seu peso. Há muito tempo, os europeus usam a síndrome do zíper para manter-se sob controle. A síndrome do zíper ocorre quando suas roupas estão mais apertadas do que o habitual ou não "fecham". Se diagnosticada a tempo, o tratamento envolve apenas uma ou duas semanas de alimentação controlada para voltar ao seu peso normal.

Na edição de abril de 2010 da revista *InStyle*, a cantora e ícone da moda Gwen Stefani confessa que faz exercícios para que suas roupas sirvam adequadamente nela. É bom saber que algumas celebridades também precisam se exercitar para ficar bem em suas roupas favoritas.

Cuide do que você tem

Assim que você comprar suas roupas, é fácil perder de vista o investimento. Uma grande atitude de uma mulher inteligente é cuidar do que já tem para que dure o máximo de tempo possível. Costumamos cuidar das coisas com as quais gastamos mais dinheiro. Por que não dedicar esse mesmo cuidado à blusa que você comprou em uma liquidação por 20 reais?

Às vezes, cuidar do que você possui é não fazer absolutamente nada. Por exemplo, não é necessário lavar suas roupas toda vez que usá-las. A menos que estejam suadas ou sujas, não lave suas roupas. Lavar desgasta o tecido. O melhor é, imediatamente, pendurar a peça para arejá-la durante a noite antes de guardá-la em seu armário. Se quiser, borrife sobre ela um pouco de aromatizador de roupas.

Aprendi muita coisa sobre lavagem de roupa com a minha sogra. Ela lavava todo tipo de roupa do avesso, incluindo as camisetas das crianças. Isso protege as fibras e evita o desgaste de desenhos. Além disso, ela lavava à mão as peças mais delicadas e colocava-as para secar sobre uma toalha, pois, assim, não perderiam sua forma.

Outra maneira de diminuir o desgaste das suas roupas é usar a secadora o mínimo possível. Procuro secar minhas roupas por apenas cerca de dez minutos, o que ajuda a tirar as marcas. Em seguida, penduro imediatamente todas as peças em cabides para terminar a secagem. Passe em nossa casa no fim de semana e você vai ver, muitas vezes, dezenas de roupas secando no quintal. Esse processo mais do que dobra a expectativa de vida das minhas roupas. O filtro da sua máquina é um bom exemplo de como as secadoras podem danificar os tecidos: ali você encontra as fibras que se desprendem das roupas.

O bom de cuidar do que você tem é que seu trabalho em casa vai diminuir duas vezes, pois você vai desenvolver o hábito de pendurar as roupas imediatamente depois de usá-las para que não fiquem amarrotadas. Além disso, o fato de não lavar as roupas a cada uso vai cortar pelo menos pela metade a quantidade de roupas para lavar! Os benefícios ecológicos também são grandes. Por não lavar as roupas tantas vezes, você vai economizar água e energia elétrica. E mais: não terá de substituir suas roupas com tanta frequência, economizando espaço nos aterros sanitários e evitando a necessidade de investir novos recursos para substituir uma peça.

Com exceção do seu vestidinho preto e dos terninhos executivos, evite comprar roupas que só possam ser lavadas a seco. Além do custo, você vai diminuir o transtorno do vai e vem da lavanderia. Também, você não terá roupas no limbo à espera de serem levadas para lavar. Ao comprar somente roupas laváveis na máquina, você poderá atingir seu objetivo de usar 80% das suas roupas durante 80% do tempo, porque elas estarão ou penduradas em seu armário prontas para serem usadas ou na máquina de lavar.

Consertos

À medida que as roupas foram se tornando mais descartáveis nos últimos trinta anos, o hábito de consertá-las foi caindo em desuso. Em vez de pregar um botão, poderíamos simplesmente jogar a peça fora ou doá-la. Aprender técnicas simples de costura é fácil e pode manter suas roupas em uso durante anos.

Invista em uma caixa com o básico de costura e, no instante em que um botão começar a cair, pregue-o. Desenvolva o hábito de consertar o que puder durante a semana. O momento ideal para reparar uma peça é enquanto assiste à televisão. Você gastará mais tempo para pegar sua caixa de costura do que para fazer o reparo. Se você nunca pegou em uma agulha antes, a internet oferece artigos e vídeos sobre o bê-á-bá da costura.

Para aquelas peças que precisam do trabalho de uma profissional, deixe-as em seu carro, assim você as terá em mãos da próxima vez que passar perto da sua costureira. Se tiver várias peças que precisam de conserto, leve apenas uma ou duas por mês, pois, dessa maneira, irá distribuir esse custo por vários holerites. Quando for buscar uma peça, poderá deixar uma outra. Quando você leva suas roupas à costureira depois de terem ficado fora de uso por algum tempo, é como ter comprado roupas novas pelo custo de uma bainha ou de um pequeno conserto.

Sapateiro

Quarenta anos atrás, um sapato era consertado, reformado e, em último caso, substituído. Hoje, se a sola do salto se solta, jogamos fora e compramos um novo par. Um bom sapateiro é capaz de dar nova vida aos seus sapatos. Saltos podem ser substituídos, a costura, refeita, e os rasgões, reparados. O couro pode ser revitalizado com uma boa limpeza e hidratação.

Se você tiver sapatos que poderiam passar pelos cuidados de um profissional, deixe-os em seu carro, assim, quando surgir uma oportunidade de levá-los ao sapateiro, você já os terá à mão. Eles voltarão como novos para seu guarda-roupa.

Algum dos seus sapatos só precisa de um pouco de carinho? Dedique alguns minutos para eles. Armada com um polidor para sapatos, tive e usei por quinze anos um par de escarpins clássicos que adorava, tendo mandado trocar o salto apenas uma vez.

Tenha o hábito de examinar seus sapatos no momento em que os tira à noite. Se precisarem, limpe-os ou engraxe-os. Esse é outro hábito que lhe permitirá usar 80% dos seus calçados durante 80% do tempo, pois, quando precisar de um determinado par, ele estará pronto para ser usado.

Ferramentas inteligentes para o guarda-roupa

Durante todo este capítulo, vimos uma série de ferramentas para ajudá-la a manter seu guarda-roupa nas melhores condições. Investir nesses itens vai completar seu *kit* de ferramentas para o guarda-roupa e prepará-la para qualquer evento ou emergência na hora de se vestir.

- Espelho de corpo inteiro.
- Polidor ou graxa para sapatos.
- Aromatizador de roupas.
- Papa bolinhas (para remover fios e bolinhas dos tecidos).
- Organizador de plástico com prateleiras.
- Sapateira de plástico.
- Caixa de costura básica.
    - Agulhas.
    - Linhas.
    - Tesoura para tecido.

Observação: vá acrescentando novos instrumentos à sua caixa de costura conforme suas necessidades. Não fique tentada a investir em uma série de apetrechos dos quais talvez nunca precise.

Quando se sente bem nas roupas que está vestindo, uma mulher exala confiança. Esforce-se para montar um guarda-roupa que possa lhe dar essa confiança todos os dias da semana.

10 ótimas sugestões para seu guarda-roupa

1. Pergunte a um atendente se a loja irá promover uma liquidação em breve. Em caso afirmativo, pode valer a pena adiar as compras para aproveitar a liquidação.
2. Inscreva-se para receber informativos da sua loja favorita em seu e-mail. Assim, tomará conhecimento de todas as promoções.

3. Ao fazer compras, vá direto para o setor de saldos e produtos em liquidação das lojas e, depois, olhe as roupas com preços normais.
4. A menos que realmente goste de comprar roupas, não faça maratonas de compras. Prefira pequenas incursões e compre com mais frequência. Você estará menos propensa a comprar por desespero.
5. Se souber que o tamanho 42 de uma roupa de determinada loja lhe serve como uma luva, procure comprar em brechós e na internet. Você poderá encontrar roupas novas ainda com as etiquetas por uma pechincha!
6. Se a moda for sua paixão, estipule uma conta de despesas só para isso. Kathryn Finney, que mantém o *blog The budget fashionista*, reserva um valor mensal para comprar roupas.
7. Organize uma festa de troca de roupas. Uma peça que você já não quer mais pode ser exatamente o que uma das suas amigas está procurando. Com isso, você pode se divertir, economizar dinheiro e ser ambientalmente responsável, tudo ao mesmo tempo.
8. Crie seu próprio livro de estilo. Recorte fotos de roupas de que você gosta e guarde-as todas em um único lugar. Ele lhe dará ideias para você aplicar em suas próximas compras.
9. É raro que roupas em tamanho padrão sirvam todos os tipos de corpo de maneira adequada. Uma boa costureira pode fazer a diferença entre simplesmente vestir uma roupa e parecer perfeita. Se uma peça não lhe cai como uma luva, mandá-la para um ajuste pode valer a pena.
10. Ninguém sabe e ninguém precisa saber que aqueles sapatos maravilhosos que atraem elogios toda vez que você usa custaram quase nada. Não é necessário dizer o quanto você pagou por uma peça ou um acessório quando alguém o elogia. Basta sorrir e dizer: “Obrigada”.

Capítulo 9

Beleza

Quando se trata de beleza e de produtos de beleza, a balança pende principalmente para o lado dos gastos excessivos e da extrema frugalidade. Ou temos o hábito de gastar com os últimos e melhores produtos lançados, ou ficamos apavoradas em gastar com qualquer coisa que seja.

Neste capítulo, você vai ver:

- Cuidados com a pele – utilizando uma dica das francesas.
- Criação de uma clínica de estética caseira.
- Cosméticos da farmácia *versus* cosméticos da loja de departamentos.
- Dicas para aproveitar ao máximo sua visita ao salão de beleza.
- Manicures e pedicures a preços acessíveis.

As francesas novamente

Na França, como um rito de passagem, a mãe leva a filha à esteticista quando ela atinge uma certa idade. A esteticista ensinará a jovem como cuidar e manter a pele de forma apropriada. Conforme a garota for amadurecendo, ela continuará a frequentar a esteticista regularmente, certificando-se de que sua pele esteja o mais saudável possível.

Nos Estados Unidos, cuidar da pele não é ritual cobiçado como acontece nos países da Europa. Maquiagem é algo desejado e respeitado. O infeliz efeito colateral desse fenômeno norte-americano é que o cuidado inadequado com a pele traz o envelhecimento de forma mais rápida. As mulheres americanas passam de nenhum cuidado em absoluto com a pele à obsessão por esse assunto, gastando dinheiro de forma ensandecida com produtos anti-idade.

Os produtos para a pele, de medicação para acne a cremes para rugas, representam uma indústria de bilhões de dólares. As empresas investem milhões de dólares em campanhas de marketing para fazer com que seus produtos sejam vendidos. Há muitos produtos no mercado que valem a pena, mas não dá para gastar todo o seu dinheiro tentando descobrir quais deles funcionam de forma melhor em você, e a última pessoa de quem você quer receber conselhos sobre cuidados com a pele é uma garota de 18 anos que trabalha atrás do balcão da seção de maquiagem em uma loja de departamentos – ela vive das comissões com as vendas.

As necessidades relativas aos cuidados com a pele de cada pessoa são diferentes e devem ser avaliadas de forma individual, portanto a pessoa de quem você deve querer aconselhamento é um dermatologista. Os dermatologistas não tratam apenas de problemas da pele. Quando sua pele está saudável, permita que a orientem, indicando os cuidados adequados para seu tipo específico de pele e, talvez, até mesmo recomendando uma esteticista. Conforme você vai ficando mais velha, as necessidades de sua pele mudam. Consultas anuais a um dermatologista irão ajudar a manter sua pele o mais saudável possível.

Quaisquer que sejam os cuidados necessários à sua pele, o dermatologista certamente irá indicar um creme noturno de uso regular. Isso foi algo que me causou dificuldades durante anos. Sempre que pensava nisso todas as noites, a última coisa que queria era ter de molhar meu rosto na água. Tudo o que queria era arrastar meu corpo cansado para a cama. Tentava criar uma rotina. Durante alguns dias funcionava, talvez até durante algumas semanas e, em seguida, vinha uma noite em que conseguia convencer a mim mesma a não fazer nada daquilo por causa do cansaço extremo. O que finalmente fez com que passasse a adquirir o hábito foi a percepção do benefício de dar à minha pele produtos que a manteriam cuidada nas próximas sete ou oito horas em que passaria dormindo. Para ajudar a mim mesma a manter o ritmo, sempre cuido da minha pele assim que chego em casa – em especial nas noites em que estou particularmente cansada. De vez em quando, deixo de cumprir a rotina uma noite ou outra, mas estou muito melhor em relação a isso agora do que estive antes e não permito mais que a noite em que deixei de me cuidar seja uma completa autossabotagem. A melhora da saúde da minha pele é incentivo suficiente para não me desviar desse caminho.

Quando você for ao dermatologista e receber a prescrição de uma rotina de cuidados com a pele, examine seus armários e gavetas do banheiro e livre-se de tudo que não for mais preciso usar. Arrume a bagunça da mesma forma que fez com os armários e o restante da casa. O período da manhã é particularmente precioso e não há necessidade de perder tempo com frascos vazios de produtos velhos para conseguir o que deseja.

É inegavelmente verdadeiro que aquilo que você põe em seu corpo afeta sua aparência. Anos atrás, minha mãe e eu passamos uma tarde maravilhosa tomando banho de lama e recebendo um tratamento facial na clínica Golden Haven Hot Springs em Calistoga, na Califórnia. Durante o meu tratamento facial, o esteticista perguntou-me sobre as olheiras. Disse a ele que aquilo tinha surgido há um ano e que havia creditado o fato à idade (na época eu tinha 28 anos). Ele me perguntou se eu tomava café. Respondi que sim, que tomava de duas a três xícaras por dia. Fiquei então esperando ele dizer que eu devia parar de tomar café... o que não ia acontecer mesmo. Ele me surpreendeu perguntando se a primeira coisa que eu fazia pela manhã era tomar café. Quando disse que "sim", ele explicou que o café como primeira ação da manhã estava sobrecarregando um pouco os meus rins, daí as olheiras. Se eu começasse as minhas manhãs com água e depois bebesse o café, as manchas desapareceriam. Segui a sugestão dele e poucos dias depois as manchas saíram. Essa foi a minha primeira lição de que o que você consome afeta imensamente sua aparência.

Retirar o máximo de alimentos processados da sua dieta e aumentar a quantidade de frutas e legumes ingeridos irá melhorar a qualidade da sua pele. Beber a quantidade de água suficiente pode ser uma tarefa difícil. Desisti de andar por aí carregando uma garrafa de água anos atrás e simplesmente me comprometi a beber um copo a cada refeição. Isso garante um mínimo de três copos por dia. Consumir pelo menos um copo de água para cada bebida alcoólica não vai apenas livrá-la da ressaca como também irá impedir que tenha a aparência de quem está de ressaca. Seja gentil com seus rins ou eles vão se rebelar usando sua pele como instrumento.

Toda mulher que conheci, que já passou dos 40 anos e tem a pele bonita, protege-se do sol de forma consciente, incluindo a minha avó de 85 anos de idade. Vovó passou a vida toda ao ar livre, tendo de abandonar a escola no sétimo ano para tirar leite de vacas no pequeno sítio da família. Minha bisavó Vieira a ensinou a usar um chapéu sempre que estivesse em ambientes abertos e a usar luvas quando trabalhava na limpeza do jardim da família, Consequentemente, minha avó tem poucas rugas e, pelo que me lembro, sua rotina de cuidados com a pele é simples e inclui hidratação com creme comum comprado em drogarias.

Chapéus e óculos de sol não são apenas itens da moda, são ferramentas para protegê-la do sol. Os chapéus protegem o rosto, a cabeça e o cabelo dos danos causados pelo sol. Os óculos de sol protegem a fina pele ao redor dos olhos dos raios UV. Eles também impedem que você aperte os olhos para enxergar, o que ajuda muito na prevenção de rugas. Invista em vários chapéus e em alguns pares de óculos de sol. São tão importantes quanto passar filtro solar e muito mais divertidos de usar.

Crie sua própria clínica de estética caseira

Assim como a maioria das mulheres, adoro clínicas de estética. Sinto prazer com a atmosfera e a atenção pessoal. Contudo, acredito piamente que não deveria precisar sair de casa para ser mimada. Além disso, nem sempre é prático ir até uma clínica quando sua pele só está precisando de uma limpeza extra.

Você pode transformar seu banheiro no próprio santuário pessoal. Além de poder se render a um tratamento facial ou a um escalda-pés na hora que quiser, criar sua própria clínica pessoal pode também seduzi-la a ponto de aproveitar ao máximo sua rotina de beleza.

A estética principal das clínicas é a limpeza e a organização. Manter o banheiro arrumado, limpo e organizado é essencial. Você pode ainda ir além e imitar o decoração da sua clínica favorita. Algumas ideias simples para acrescentar luxo ao seu banheiro incluem:

- Uma orquídea.
- Um vaso de bambu.
- Várias pedras de formatos similares.
- Um vaso de palmeira.
- Velas.
- Toalhas brancas felpudas.
- Um roupão branco felpudo.

Acrescente mais um elemento à sua experiência saboreando uma xícara de chá de ervas ou limonada gelada durante sua sessão de estética. Isso a manterá hidratada, além de dar um toque de luxo à situação.

Criar a própria clínica de estética em casa irá designar um espaço em que você poderá mimar a si mesma por alguns minutos ao dia. Você ainda pode reservar um tempo extra para fazer um tratamento facial, manicure, pedicure e esfoliação em si mesma. Como mencionado anteriormente, a clínica caseira irá ajudá-la a ficar em dia com seus rituais de beleza. Isso também ajudará a economizar dinheiro por permitir que aumente o tempo entre uma ida e outra à clínica de estética.

Há muitas boas máscaras faciais vendidas em farmácias e lojas de departamento que podem ser compradas para uso doméstico. Uma vez que as necessidades de cuidados com a pele de cada pessoa são diferentes, é preciso descobrir qual funciona melhor para você. Peça orientação ao seu dermatologista.

Por milhares de anos as mulheres usam azeite de oliva aquecido para amolecer a cutículas, cuidam do rosto com cremes de aveia e mel, esfoliam seus corpos com preparados caseiros e cobrem os olhos com fatias de pepino. Nem sempre é necessário investir em produtos de beleza caros. Você pode cuidar do rosto usando produtos da sua própria cozinha. Narine Nikogosian, a autora de *Return to beauty* [Retorno à beleza], é uma das especialistas mais conhecidas sobre beleza e cuidados com a pele, com uma lista de clientes que inclui Jessica Alba, Charlize Teron e Alfre Woodard. *Return to beauty* é cheio de receitas de cuidados com a pele feitas de ingredientes frescos que podem ser encontrados na geladeira e na despensa. Na internet você pode encontrar vários sites que oferecem esse tipo de receita.

Maquiagem de farmácia *versus* de lojas de departamento

Você sabia que a Lâncome, uma marca de cosméticos vendida em lojas de departamento, e a L'Oreal, marca de cosméticos distribuída em farmácias, são da mesma empresa? As usuárias do gloss labial da Lâncome em tubo chamado Juicy (36 reais o tubo) e do gloss labial da L'Oreal chamado *Colour Juice Sheer* (14 reais o tubo) insistem que os dois são o mesmo produto. Então, por que os produtos da Lancôme têm o dobro do preço? A resposta está no serviço.

Os balcões de cosméticos das lojas de departamentos permitem experimentar diferentes produtos. Há sempre alguém à mão que possui informações sobre os produtos e pode oferecer conselhos e sugestões. Na farmácia, você não pode experimentar antes de comprar. E espera-se que as informações do lado de fora da embalagem forneçam uma descrição precisa sobre a cor e a forma de usar.

Uma pequena pesquisa pode ser muito eficaz para que você tenha certeza de estar gastando bem seu dinheiro. O livro de Paula Begoun, *Don't go to the cosmetic counter without me, 8ª edição [Não vá ao balcão de cosméticos sem mim]* está repleto de milhares de resenhas sobre produtos. Uma rápida espiadela no livro irá ajudar a descobrir em quais cosméticos valem a pena investir, não importando em que lugar os compre.

A farmácia

Farmácias e drogarias particularmente são bons lugares para se comprar "cor", tais como sombra para os olhos, *blush* e esmalte de unha. Assim como a moda, os cosméticos fazem parte de uma indústria em constante evolução. Novas cores, fórmulas e embalagens são frequentemente lançadas. Escolher os itens na farmácia abre um leque de opções de nuances para brincar com as tendências da estação.

Novamente, a desvantagem de comprar maquiagem na farmácia consiste em não poder experimentar antes de comprar. Se você tem uma gaveta cheia de produtos "não muito adequados", comece a comprar em lojas que possuam política de devolução de cosméticos. O preço da maquiagem, até mesmo na farmácia, é mais um adicional. Você pode economizar um pouco com o tempo se puder devolver os itens que não combinarem com você.

A loja de departamento

Há alguma razão para comprar na loja de departamento se você pode conseguir o que quer na farmácia? A resposta realmente depende de você. Uma das maiores vantagens de se comprar na loja de departamento, além do fato de poder experimentar antes de comprar, é a oportunidade de aprender a usar maquiagem de maneira correta juntamente com algumas técnicas. Faça seu dinheiro valer a pena e consiga todas as informações possíveis do profissional atrás do balcão a fim de obter todas as dicas e truques que pode oferecer a você.

Você também pode conseguir amostras na loja de departamentos sem precisar comprar um frasco inteiro de um produto que mais tarde vai acabar descobrindo que não combina com sua pele.

Quando comprar em uma loja de departamento, não tenha pressa e passeie pelos vários balcões à procura de uma maquiadora de cujo trabalho você goste. Diga a ela o quanto você pode gastar e o tipo de produto de que precisa, e ainda peça que a ajude a passar a maquiagem. Se ela for boa no que faz, vai cooperar com você. Se você gostar dos resultados – pegue o cartão dela! Quando estiver pronta para mais um produto, telefone e marque um horário com ela. Conhecer e confiar em uma boa maquiadora é como ter um bom mecânico.

Uma dica que aprendi com Todra Payne, do projeto HealthyBeautyProject.com é levar seu próprio espelho de bolsa para o balcão de maquiagem. Ao experimentar uma base, passe uma faixa de cor recomendada pela maquiadora na linha do maxilar. Depois, passe uma sombra de cor mais escura de um dos lados da primeira linha e uma mais clara do outro lado. Espere alguns minutos e vá com seu espelho para um ambiente aberto para ver como as três cores ficam à luz do sol. A química do seu corpo e o ar mudarão a cor da base. Reservar alguns minutos para que a maquiagem se ajuste ao seu corpo e depois olhar o resultado na luz natural darão a você uma chance melhor de conseguir uma maquiagem que combine com sua pele. Isso irá ajudar a reduzir a possibilidade de uma linha de expressão que pode arruinar os melhores trabalhos de um maquiador.

Todra também recomenda que você mude de base a cada estação. Mesmo com o filtro solar, a cor da sua pele ficará mais clara e mais escura. Não é necessário mudar toda a maquiagem por três meses. Você pode continuar a usar seus itens favoritos.

Uma sugestão de Todra para renovar o visual de forma mais barata é usar um brilho labial por baixo do seu batom favorito. Isso dará um efeito bonito e quase não vai parecer que há uma cor a mais por baixo. É ainda possível usar um gloss dourado por cima do batom, dando-lhe uma aparência diferente. Para os olhos, uma sombra dourada ficará ótima sobre uma sombra comum. Surpreendentemente, ela disse que o dourado combina bem com quase todo tom de pele.

Não é necessário ter uma relação de casamento com os cosméticos da farmácia ou da loja de departamento. Na verdade, muitos maquiadores profissionais usam cosméticos de ambas as fontes. A máscara de cílios alongados da Maybelline continua e ser altamente elogiada e usada por profissionais tanto da indústria cinematográfica quanto da moda.

Apetrechos

Não importa o lugar onde você compra a maquiagem, pois a única coisa em que deve querer gastar seu dinheiro é com os apetrechos. Se você investir em um bom conjunto de pincéis e cuidar bem deles, eles durarão anos. Um pincel de qualidade pode transformar uma sombra de 5 reais em algo muito mais suave. Todra recomenda limpar os pincéis a cada duas semanas com um sabão suave, do tipo usado em bebês. Isso irá ajudar a fazer com que durem o máximo possível, valorizando seu investimento.

Aplicação e técnica

A aplicação adequada dos cosméticos é uma habilidade que pode ser aprendida. Mesmo que você tenha um talento natural, alguém sempre tem novas formas de usar um certo tipo de recurso ou formas criativas de usar a cor. Quase toda marca de cosméticos oferece demonstrações em vídeos ou sites. Você pode até pesquisar no Google pelo seu produto favorito para aprender as técnicas dos profissionais. O YouTube é também um excelente recurso e tem uma seção inteira dedicada a vídeos do estilo como fazer.

Cabelo

Assim como os cuidados com a pele e os cosméticos, é muito fácil gastar uma fortuna cuidando dos cabelos. Entretanto, é possível ter cabelos de ótima aparência mantendo as finanças equilibradas.

Quando se trata de cortes de cabelo, é possível gastar cerca de 20 reais em um salão mais econômico ou 300 reais ou mais em um ambiente mais sofisticado. O local em que você escolhe cortar o cabelo é questão de preferência pessoal, mas não importa aonde vá, há sempre formas de economizar.

Você pode mudar o estilo do corte para que não seja necessário aparar os cabelos a cada seis semanas? Prefiro usar cabelos longos e um dos benefícios é não precisar cortá-lo com tanta frequência. Somente corto meu cabelo a cada três ou quatro meses, ao contrário de seis semanas, que é o período necessário para quem mantém os cabelos curtos. Se gasto em média 50 reais em um corte, então gasto entre 150 reais a 200 reais por ano para manter meus cabelos compridos. Uma pessoa que tem cabelos curtos vai ao salão a cada seis semanas. Se ela pagar os mesmos 50 reais a cada corte, vai gastar mais de 400 reais por ano para manter os cabelos aparados. Se o estilo de cabelo curto é importante para a pessoa, ela está disposta a gastar. Se esse é o seu caso, sugiro que se mantenha equilibrada economizando em outras áreas da vida a fim de que possa ter condições financeiras de manter seu estilo chique de cabelo curto.

Se você estiver apaixonada por seu cabeleireiro, pergunte se ele poderia fazer um preço fechado para você contanto que se mantenha leal. Antes de me mudar para a área da Baía de São Francisco em 1994, costumava frequentar um talentoso cabeleireiro chamado Ron Kausin desde a inauguração de seu salão, Basic Hair Studio. Apresentei Ron para minha mãe e minha tia, que também se tornaram clientes. Sempre que possível, tento encaixar um horário com Ron quando vou visitar minha família em Fresno. Ron faz um preço fechado para mim, cobrando-me apenas 40 dólares, o valor que costumava cobrar antes da minha mudança. Além de apreciar a minha fidelidade, Ron cobra-me o mesmo valor praticado em 1994 em agradecimento à apresentação da minha mãe e da minha tia, que são suas clientes há mais de quinze anos.

Se você realmente gosta do trabalho do seu cabeleireiro, promova-o. Pergunte se pode distribuir o cartão dele. Isso pode dar a você uma boa quebrada nos preços por ajudá-lo a difundir seu negócio.

Uma outra maneira de economizar alguns reais em um salão sofisticado é tornando-se modelo de cabeleireiro. Minha amiga equilibrada, Carla A., de vez em quando tinge o cabelo com um aprendiz no salão diPietro Todd em São Francisco, Califórnia. diPietro Todd é como uma escola de cabeleireiros. Os aprendizes são cosmetólogos licenciados. Carla paga apenas 25 dólares por um único processo de coloração que em média custa 85 dólares. O aprendiz faz todo o trabalho, mas um cabeleireiro profissional está por perto durante todo o processo, observando e aconselhando. Se ela quisesse, Carla também poderia cortar os cabelos com um aprendiz por apenas 15 dólares. Contudo, pagando menos para tingir, Carla escolhe focar o dinheiro gasto em beleza em seu cabeleireiro favorito.

Uma outra dica de Carla é pedir para "aparar a franja". Custa bem menos que o corte completo e pode ser exatamente aquilo de que você estava precisando.

Produtos

Os produtos para os cabelos são uma outra área da beleza que podem facilmente se tornar o buraco negro do seu dinheiro. Por isso, se tiver oportunidade de experimentar produtos sem precisar pagar, faça-o.

Seu horário no salão também é uma oportunidade de experimentar produtos. Se você gostou do produto que o cabeleireiro usou em você, pergunte o nome. Mas, se possível, evite comprar produtos no salão. A elevação do preço é dramática. Em vez disso, compre seus produtos na perfumaria ou *on-line*.

Se houver um produto que você queira experimentar, mas não quer comprar o frasco todo, acesse o site do fabricante. Pode haver uma lista de locais em que pode obter amostras ou eles próprios podem enviar a você. No mínimo, pode ser que lhe ofereçam um cupom.

Andrea Faria-Haze, da Salon Techniques em Chowchilla, na Califórnia, conta que sempre tem de avisar suas clientes quando estão usando produtos demais. "Quando as pessoas usam muito xampu e condicionador, o cabelo fica pesado e elas acham que é preciso passar ainda mais produtos. Torna-se um círculo vicioso." Andrea sugere apenas um pouco de xampu na mão, fazendo sabão antes de aplicá-lo no cabelo. Isso facilita o trabalho. Ela também sugere o seguinte: "Ao usar condicionador, aplique apenas nas pontas do cabelo. É somente nessa área que ele precisa ser nutrido".

Pense em produtos para o cabelo como investimentos. Pouco é muito. Raramente é preciso seguir as orientações tradicionais de "ensaboar, enxaguar, repetir o processo". Comprei um frasco do condicionador de nutrição profunda com proteína RX da Fekkai por 21 dólares, o equivalente a 42 reais. Isso pode parecer muito dinheiro para um único produto de cabelo, mas é o melhor condicionador que já vi para os meus cabelos de textura fina. Não lavo os cabelos todos os dias (apenas nos dias de folga) e uso apenas um pouco do produto, espalhando-o pelo meu cabelo no chuveiro com um pente de dentes largos. Usei apenas um terço do frasco que comprei há cinco meses. Se durar mais dez meses, terá custado 1,40 dólar por mês e meu cabelo nunca teve uma aparência tão saudável. Para mim, isso vale a pena.

Minha amiga sempre equilibrada, Carla A., divide frascos de produtos com amigas, diminuindo o custo pela metade.

Mãos e pés

Para alguns, manicure e pedicure são necessidades. Entretanto, se você puder ampliar o tempo entre suas idas à manicure, pode potencialmente economizar centenas de reais ou mais por ano.

A média de preços para manicure e pedicure gira em torno de 40 reais, dependendo da região e do salão. Se você for ao salão duas vezes por mês serão 80 reais e 960 reais por ano. Se você puder fazer as mãos e os pés uma vez por mês, poderá economizar 480 por ano. Para dar-lhe uma perspectiva, isso pagaria por uma noite em um cruzeiro para duas pessoas de Vancouver para São Francisco – apenas reduzindo a frequência com que faz as mãos e os pés.

Se conseguir ir ainda mais esporadicamente à manicure, diminuindo a frequência para quatro vezes ao ano, a cada mudança de estação, poderá economizar 800 reais. Oitocentos reais é uma boa quantia de dinheiro para ser gasto em algo divertido.

Uma maneira de ampliar a frequência com que vai à manicure é comprar seus próprios frascos de esmalte com suas cores favoritas. Conforme necessário, passe mais uma camada para ajudar a esconder as unhas lascadas. Você pode usar a mesma cor por até uma semana.

Faça você mesma

Eu mesma gosto de fazer minhas unhas dos pés e das mãos, pois posso fazer isso sempre que tiver um tempinho em vez de ter de marcar um horário, ir até o salão, esperar que alguém faça minhas unhas, esperar até que sequem e voltar para casa. Simplesmente não tenho paciência para fazer isso com regularidade. Contudo, gosto de dar cuidados profissionais aos meus pés no começo do verão e me rendo a uma visita ao salão de beleza.

Quando era criança, a tia Sadie trabalhava como manicure em domicílio. Adorava visitá-la para vê-la trabalhando. Aprendi algumas coisas, tais como a quantidade necessária de esmalte no pincel para uma boa aplicação. Da próxima vez que você for à manicure, observe os detalhes do trabalho da profissional e faça perguntas. A maioria das pessoas quer ser útil e fica lisonjeada quando alguém mostra interesse em seu trabalho. É bem provável que a pessoa fique contente por fornecer-lhe dicas adicionais. O YouTube também é um bom recurso para demonstrações sobre como fazer a própria manicure e pedicure.

Preste atenção

Aprendi uma lição constrangedora em relação a ficar em minha rotina de beleza. Há alguns anos, meus pés estavam em péssimo estado, pois eu não os estava esfoliando nem usando cremes. Para piorar as coisas, exercitava-me na academia Fearless Fitness descalça, portanto meus pés literalmente levavam uma surra. Decidi que já havia passado da hora de fazer um pedicure e fui ao salão. Conforme a profissional começou a trabalhar nos meus pés, ela chamou uma colega para ver como meus calos estavam grossos e as duas começaram a rir. Fiquei ao mesmo tempo nervosa e assustada. Na época, era tímida e envergonhada demais para dizer ou fazer qualquer coisa que não fosse sentar ali e me irritar. Sai do salão e nunca mais voltei lá.

Horas depois de ter saído de lá, já estava rindo da experiência. Meus pés realmente pareciam ter caminhado cerca de dois mil quilômetros. Prometi começar a cuidar melhor dos meus pés regularmente e criei uma rotina de esfoliação e hidratação. Essa vigilância ajudou-me a reduzir a quantidade de tempo que preciso fazer eu mesma um pedicure.

Não há problemas em se gastar dinheiro com a aparência. Pergunte a qualquer psicólogo e eles irão dizer que a forma como você se sente em relação à sua aparência afeta imensamente sua autoestima. Uma autoestima positiva afeta seus relacionamentos com as pessoas a quem você ama, seu desempenho no trabalho e sua qualidade de vida em geral. O segredo é gastar seus reais de beleza com discrição. Repense sua rotina de beleza. Certifique-se de estar gastando com o que realmente dá certo e não apenas fazendo o que sempre fez simplesmente pelo fato de sempre ter feito dessa forma. Esteja disposta a procurar por maneiras de economizar em áreas que não sejam tão importantes para você. Ao mesmo tempo, esteja disposta a investir em áreas que farão com que você se sinta ainda melhor sobre si mesma. Você merece!

As 10 principais dicas de beleza

1. Para uma hidratação geral, aplique a loção corporal depois do banho, concentrando-se especialmente nas mãos, nos cotovelos, nos joelhos e na parte

inferior das pernas. Lembre-se de hidratar seus pés, mas tome cuidado para não escorregar!

2. Aperfeiçoe seu processo de maquiagem mantendo somente os produtos que dão certo para você. Não perca tempo procurando cosméticos e produtos para cabelos e unhas que você não precisa mais e nem quer.
3. Não se deixe intimidar pelos vendedores. Eles são treinados para demonstrar pelo menos três produtos para cada cliente e faz parte do trabalho deles vender-lhe mais do que você precisa. Lembre-se: eles vivem de comissão. Apenas diga não amigavelmente se não estiver interessada nos produtos adicionais.
4. Tenha em mente a ideia de se permitir um tratamento completo de beleza pelo menos uma vez por ano. Saiba o que dá certo para você e não desista disso, mas esteja pronta para experimentar visuais novos. Maquiagem é algo que deve ser divertido!
5. Pense em delinear as sobrancelhas com um profissional a cada dois meses e dê seu melhor para mantê-las limpas entre as visitas ao salão. Sobrancelhas bem delineadas fazem você parecer anos mais nova e as desalinhadas atrapalham os melhores efeitos de uma boa maquiagem.
6. Lembre-se de comprar cosméticos próprios para seu tipo de pele. O que fica bom na sua amiga pode não dar certo em você.
7. Infelizmente, nem todo corte de cabelo dá certo em todas as pessoas. A textura tem papel fundamental no desempenho do seu cabelo. Ao procurar por um novo estilo, fique de olho nas fotos de modelos que possuem cabelos de textura similar.
8. Ao levar fotos para seu cabeleireiro, explique exatamente o que você gosta no novo estilo. Ele pode pensar que você quer diminuir doze centímetros quando tudo o que você quer é somente a mesma franja da foto.
9. Se você tem muitos produtos de beleza dos quais não quer se livrar, organize uma Festa de Troca de Produtos de Beleza e inclua esmaltes, sombras e blush. É provável que suas amigas estejam em situação similar e adorem

fazer a troca. Não deixa de ser também uma desculpa divertida para uma festa. Observe: rímel, delineador e qualquer outra coisa usada perto dos olhos **não** podem ser compartilhados.

10. Estão disponíveis no mercado muitos produtos que esfoliam, amaciam e hidratam suas mãos e cutículas. Valem a pena para pessoas que não têm tempo de fazer uma manicure adequada. Há ainda produtos similares, com a mesma resistência, para os pés.

Capítulo 10

Alimentação

Alimentação é parte integral de nossas tradições, cultura e celebrações. As refeições devem ser saboreadas e ritualizadas. Infelizmente, rotinas frenéticas, dietas extremas e o fato de não saber cozinhar contribuíram para uma relação desconfortável com a alimentação: como olhamos para isso e até mesmo como gastamos nosso dinheiro nisso.

Gastos com alimentação são o terceiro maior custo no orçamento típico de uma pessoa (depois de habitação e transporte), de acordo com o Departamento do Trabalho Norte-Americano.* Por causa dessa classificação elevada é uma das principais áreas de foco no que se refere a controlar os hábitos de despesas. Cozinhar em casa é uma das maneiras mais fáceis e mais rápidas de economizar dinheiro. Como já confessei anteriormente neste livro, Paul e eu tivemos dificuldades na cozinha, pois não éramos organizados com a renovação dos mantimentos em casa. No momento em que começávamos a pensar em cozinhar, estávamos com fome demais para ir ao mercado e comprar os ingredientes.

---

* No Brasil, de acordo com dados divulgados pelo Instituto Brasileiro de Geografia e Estatística (IBGE) em 14/9/2012, os gastos com alimentação ficam em 2º lugar (equivalente a 16,1% das despesas totais), e o transporte em 3º lugar, com 16% das despesas totais. O 1º lugar também é da habitação, equivalente a 29,2% dos gastos totais. Fonte: http://g1.globo.com/economia/noticia/2012/09/gasto-de-familias-com-transporte-quase-iguala-alimentacao-diz-ibge.html. Acessado em: 21/9/2012. (N. E.)

Há muito mais em se administrar uma cozinha eficiente do que simplesmente comprar as mercadorias e cozinhar em casa. Este capítulo oferece uma abordagem sistemática para se administrar uma cozinha eficiente exigindo-se o mínimo esforço possível.

Neste capítulo, veremos:

- Como criar uma lista da provisão de alimentos.
- Como planejar as refeições.
- Maneiras de melhorar a compra de mercadorias.
- Quando comprar em lojas no atacado e como fazê-lo de forma eficaz.
- Gerenciamento eficiente da cozinha.
- Gerenciamento de refeições deliciosas e equilibradas.
- Como criar e expandir seu repertório culinário.
- Apetrechos de cozinha "obrigatórios".
- Acrescentando mais prazer às suas refeições.

Lista

As pessoas têm gostos diferentes e sua ideia de estoque pode ser bem diferente da dos outros. Crie uma lista de tudo que você usa regularmente. A lista ficará fluida conforme você for expandindo sua experiência culinária e acrescentando novas receitas ao seu repertório.

A cada compra mensal ou sempre que for ao supermercado, pegue a lista e faça uma relação daquilo que você já tem. Lembre-se de incluir itens não comestíveis, tais como produtos de limpeza.

Observe um exemplo da lista de mercadorias da minha família. Organizei-a por tipo de item. Isso me ajuda a preparar o estoque em poucos minutos.

LISTA PRINCIPAL DE MERCADORIAS DA FAMÍLIA TOSETTI			
Mercearia	**Carne**	**Bebidas**	**Congelados**
Farinha de milho	Hambúrguer	Coca-cola	Pizza congelada
Farinha		Café	Tortelini

Mercearia	Carne	Bebidas	Congelados
Açúcar	Bife	Cerveja	Ravióli
Açúcar mascavo	Frango	Vinho	Sorvete
Gotas de chocolate	Bacon		
Mistura para brownie	Salsicha		
Aveia	Carne assada		
Melado	Carne defumada		
Mel			
Manteiga para bolo			
Fermento			
Massa de panqueca			
Levedura			
Frutas e legumes	**Laticínios**	**Temperos**	**Acessórios para casa**
Cenoura	Leite	Tempero para taco	Comida para cachorro
Brócolis	Creme para o café	Sal de alho	Lâmpadas
Batata	Manteiga	Pimenta	Sabão para louça
Cebola	Ovos	Mostarda	Detergente para máquina de lavar
Alho	Queijo cheddar	Maionese	Papel higiênico
Legumes da estação	Queijo temperado	*Ketchup*	Pilhas
Frutas da estação	Queijo parmesão	Sal	Sacos para guardar sanduíches
	Queijo de cabra	Azeite de oliva	Sabão para lavar roupa
		Manteiga de amendoim	
Enlatados	**Pão**	**Despensa**	**Produtos de higiene**
Legumes enlatados	Pão branco	Arroz	Sabonete
Canja	Bolacha integral	Arroz integral	Xampu
Massa de tomate	Cereal	Macarrão integral	Condicionador
Molho de tomate			Desodorante
Tomate enlatado			Aspirina
Atum			Pasta de dente

Deixo uma cópia da lista na cozinha e destacamos os itens conforme vão acabando. Antes de irmos ao mercado, fazemos uma lista completa dos itens da despensa, geladeira, lavanderia e de higiene. Essa lista completa ajuda a reduzir a necessidade de idas adicionais ao mercado porque as lâmpadas ou o detergente acabaram. Ajuda a economizar dinheiro e, mais importante ainda, tempo.

Assim que termino, decido a qual tipo de loja devo ir, dependendo do que está na minha lista. É raro precisar ir a mais de dois lugares entre um recebimento de salário e outro. Essa lista dá a você a ideia do que é preciso ser comprado em locais diferentes. Isso varia de acordo com as promoções de cada loja.

LISTA PRINCIPAL DE MERCADORIAS DA FAMÍLIA TOSETTI

Atacado	Varejo	Loja de descontos	Mercearia	Sacolão
Leite	Atum	Papel higiênico	Queijo de cabra	
Ovos	Bolacha integral	Coca-cola	Cereal	
Manteiga	Pão	Comida para cachorro	Cerveja	
Iogurte	Canja		Vinho	
Queijo cheddar	Batata			
Carne defumada				
Creme para o café				
Frango				
Queijo parmesão				

Minha lista de lojas tem um atacadão, um supermercado, uma loja de descontos, uma loja de alimentos especializados e um local para comprar produtos frescos. Sei que posso fazer estoque de produtos como leite, ovos e manteiga mais baratos ao comprar no atacadão do que em qualquer outro lugar, mas se somente tiver de comprar leite, não vale a pena ter o trabalho de ir até lá só para economizar 1 real com o leite. O tempo é tão valioso quanto o dinheiro. É importante equilibrar o tempo utilizado para comprar em outras lojas com as ofertas do momento.

Os dois locais que mais frequento são o atacadão e o mercado. Se for conveniente para mim encaixar uma ida até o atacadão no meio do dia, encaixarei, mas só se precisar de itens suficientes que compensem o tempo. Compro alimentos no mercado e outros produtos, tais como papel higiênico (ou fraldas enquanto Dante ainda as usava) na loja de descontos. Gosto de ir ao sacolão quando tenho tempo, mas, se não tenho, simplesmente compro o que preciso no mercado e procuro escolher dentre os produtos da estação que estão em oferta. Tento ir à mercearia a cada seis ou oito semanas e faço estoque dos produtos quando vou até lá.

Planejamento

Um erro comum quando vamos ao mercado é comprar "gêneros alimentícios", pois se trata de alimentos aleatórios. Em vez de fazer isso, procure focar em comprar "ingredientes". Ingredientes são os componentes de uma receita. Planejar nossas refeições antes de irmos ao mercado irá resolver o problema de gastar 200 reais em alimentos e chegar em casa sem ter "nada para comer".

Algumas famílias planejam o café da manhã, o almoço e o jantar. Isso é fantástico! Na nossa família, o café da manhã é a refeição que mais apreciamos e é fácil de ser preparado com os ingredientes mais básicos possíveis. Não me preocupo em planejar o café da manhã. Sempre tento ter algum tipo de carne defumada para o almoço. Se tiver ovos demais, faço uma salada de ovos para ser usada durante alguns dias no almoço. O que tento planejar são pelo menos quatro jantares por semana com a intenção de ter sobras para outras refeições. A extensão do planejamento depende de você e da sua família.

Uma das formas mais poderosas de economizar dinheiro com mercadorias é planejando as refeições em torno das ofertas da semana. A maior parte das lojas distribui os jornais de ofertas em domicílio, mas sempre se pode encontrar esse tipo de informação no site da loja. Se o frango inteiro estiver em oferta, você pode planejar fazer frango assado em uma noite e sanduíches de frango desfiado em outra. Você ainda pode congelar a carcaça para fazer sopa de galinha no final de semana. Isso lhe dará três ou mais refeições por apenas alguns reais.

Um outro exemplo é programar suas compras perto de feriados. Pegue um peru extra no feriado de Ação de Graças. Guarde-o no *freezer* e em fevereiro poderá saborear um jantar com peru com todas as sobras que estiverem à mão. Antes da Páscoa você pode comprar um presunto defumado a mais e em um domingo à noite em julho poderá saborear presunto no jantar. Na semana seguinte poderá fazer misto quente, omelete de presunto e queijo; enfim, o potencial é infinito. Faço estoque de *ketchup*, maionese, mostarda e hambúrguer uma semana antes de feriados que pedem um grande churrasco. Somente por esse processo, economizo um bom dinheiro durante o período de um ano.

Além de planejar nossas refeições baseando-me no que está em oferta, também planejo com base naquilo que já tenho em casa. Se você tem batatas já há algumas semanas, incorpore-as em uma de suas próximas refeições da próxima semana. Se você tem pão prestes a vencer, planeje servir torradas no café da manhã ou rabanadas no final de semana.

Comprar produtos da estação é mais uma forma de economizar. Você pode comprar morangos no meio do verão, mas a probabilidade de terem sido importados nessa época significa que você estará pagando pelo transporte. Além disso, pelo fato de os produtos serem importados de lugares distantes, podem ter sido colhidos maduros e talvez nunca venham a desenvolver seu melhor sabor e textura. Por que pagar mais por baixa qualidade? Compre o que for da estação, economize dinheiro e divirta-se. Seus anúncios com as ofertas das lojas sempre estarão repletos de produtos da estação, portanto é fácil planejar com antecedência.

Muitos jornais têm seções semanais dedicadas à alimentação. Algumas semanas eles incluem um cardápio completos com vários pratos, ou até mesmo um cardápio de final de semana com sobras planejadas. Apenas siga as orientações e você terá refeições preparadas para vários dias!

Faixa preta em compras de mercado

Quer você faça suas compras uma vez por semana ou semana sim, semana não, mantenha as compras de mercado em sua rotina e faça seu ritual. Lembre-se do Hábito financeiro inteligente nº 3 – o dia do pagamento é uma perfeita ocasião para fazer compras de mercado. Faça o possível para tornar o momento o mais prazeroso possível. Vista roupas confortáveis. Quando estou com pressa, odeio fazer compras. Quando tenho tempo suficiente, é algo que curto fazer. Se você consegue acordar cedo, as madrugadas são um bom momento para fazer compras e se livrar dessa tarefa. Em geral, as lojas estão com seus itens repostos e mais vazias. Você entra e sai na metade do tempo que gastaria e tem o restante do dia para fazer coisas de que gosta.

Há um atacado a alguns quarteirões da minha academia. Gosto de comprar lá depois de terminar de dar aulas nas terças-feiras às 19h30. Dante e eu entramos e saímos em quinze minutos. Organizar o tempo é tudo. Pergunte aos funcionários das suas lojas favoritas quais os melhores horários para comprar.

A minha lista é organizada por tipo de produto. Isso permite que a elabore em poucos minutos. Quando divido a minha lista por loja, deixo itens similares na mesma lista. Esses itens estão geralmente na mesma seção da loja. Isso faz com que eu caminhe pela loja de forma sistemática, reduzindo imensamente a quantidade de vezes que tenho de voltar a certos corredores por ter esquecido algo. Particularmente aprecio fazer isso em dias que estou muito cansada e tudo o que quero é fazer as compras e ir para casa.

Saiba quando a loja que você frequenta renova o estoque. Sendo assim, nesses dias, você encontrará produtos mais frescos do que os de outros dias. Saber essa programação fará com que você compre itens de qualidade que são importantes para você e sem custo adicional.

A maioria dos itens entra em oferta em um ciclo de seis semanas. A menos que algo seja oferecido em um preço extraordinariamente bom, compre apenas aquilo de que você precisar em seis semanas. As ofertas podem iludi-la a comprar mais do que precisa. Lembre-se: sua despensa é um estoque. Se seu estoque não se mover, então o dinheiro também está parado.

Você tem dificuldades em ir ao mercado? Pense sobre o serviço de entrega oferecido por eles. Se você acha que 15 reais é muito caro para gastar na entrega, calcule quantas vezes tem de comer fora em uma semana por não ter comida em casa. Se a resposta for mais do que duas vezes, vale a pena utilizar o serviço de entrega.

Comprando no atacado

Comprar no atacado será uma atitude econômica somente se você usar o que compra. Meu sogro e meu marido não têm mais permissão de fazer compras no atacado sozinhos. Uma família pequena não precisa de oito litros de azeite de oliva, mesmo tendo um sobrenome italiano como Tosetti.

Quando não há flexibilidade em nosso orçamento alimentar, vou até o atacadão e procuro fechar os olhos para tudo que não estiver na minha lista. Se houver flexibilidade, amplio meu foco de visão e pondero sobre a compra de alguns itens que não tinha experimentado antes.

Uma estratégia para comprar em lojas de atacado é ir com mais frequência. Se você leva meses para ir, gasta muito mais dinheiro de uma só vez para poder aproveitar os preços. Vá sempre que receber seu salário ou uma vez por mês para aumentar os itens da sua despensa um pouco por vez. Para a minha família de três pessoas, se preciso comprar muitos itens básicos, prefiro comprá-los no atacado. Compro a preços muito bons leite, ovos, manteiga, iogurte grego, frango e carne. Outros itens que geralmente preciso comprar com frequência incluem café, gotas de chocolates meio amargos e óleo. Comprando apenas um ou dois itens que geralmente não compro em um mesmo período de recebimento de salário, em vez de esperar para comprá-los todos de uma vez, o impacto no meu salário não será muito dramático. Pelo contrário, dilui o custo das mercadorias que compro, deixando meu orçamento mais fluido como um todo.

Lembre-se de somente comprar o que for consumir, e na quantidade que você usará, durante um período de tempo razoável.

Administrando a cozinha

Uma coisa é ter um bom estoque em sua cozinha. O próximo passo é administrá-la de forma eficiente. Comece consumindo alimentos frescos, incluindo frutas e legumes. Os alimentos mais caros são aqueles que você tem de jogar fora. Se você está constantemente jogando legumes frescos fora antes mesmo de usá-los, passe a consumir congelados. Se estiver preocupada em perder os benefícios de saúde por usar congelados, não se preocupe mais. Os legumes escolhidos para congelamento são processados no auge da maturação, quando seu nível de nutrientes está mais elevado.

Se o pão sempre fica amanhecido antes que você tenha a chance de consumir um filão inteiro, deixe-o na geladeira que irá durar alguns dias mais. Você ainda pode dividir o filão ao meio e congelar uma das metades para mais tarde.

O *chef* Mark Parker do site TheCulinaryWorks.com é um dos meus amigos mais íntimos. Adoro usar suas dicas e as de sua esposa e parceira de trabalho, *chef* Jennifer Whitmire-Parker, sobre tudo que se trata de alimentação. Há alguns anos, Mark escreveu um artigo para *The Savvy Life*, dando dicas sobre como guardar suas compras.

Estocar de forma adequada fará com que as mercadorias durem o máximo possível e dará a você mais tempo de usá-las. Fazer uma anotação mental de como seu produto estava acondicionado no mercado servirá de orientação para acondicioná-lo em casa. Há poucas exceções. Alguns itens, como maçãs, laranjas e abacates, vão bem na temperatura ambiente mesmo se estavam na geladeira do mercado.

Tire tudo dos sacos plásticos a menos que já estejam pré-embalados (como sacos de salada e brotos de feijão). Com itens soltos, como cogumelos e lentilhas, dobre o saco plástico para contê-lo, mas não lacrá-lo. Certifique-se de que o ar pode circular pelo produto a fim de que o mofo não tenha chance de entrar.

Alguns itens, como cebola, alho, chalota e batata, devem ser acondicionados na temperatura ambiente e no escuro. Se você os deixar na claridade, começarão a crescer e, conforme crescem, se autoconsomem. Batatas passam a desenvolver um gosto amargo de coloração verde-alcaloide por debaixo da pele quando expostas à claridade. Não se esqueça de deixar as cebolas longe das batatas. As cebolas exalam um gás que causará rápida deterioração das batatas.

Muitas frutas ficam bem sobre o balcão da cozinha. Durarão mais na geladeira, mas tendem a perder o sabor quando geladas. Observe sua fruteira com frequência e acrescente as mais frescas sempre por baixo. Em tempo, acondicione os tomates no balcão da cozinha em vez de guardá-los na gaveta da geladeira.

Se tiver dúvidas sobre a melhor maneira de guardar um item em particular, procure falar com o produtor. Ele saberá a melhor forma de guardá-lo e pode até dar dicas sobre a melhor maneira de preparar as coisas que nunca experimentou antes.

Procure acabar com os alimentos frescos antes de tirar produtos do *freezer*. Ao mesmo tempo, esteja disposta a tirá-los do *freezer* antes de pedir uma pizza só por estar cansada demais para cozinhar. Em nossa família, o objetivo é consumir as sobras nos jantares, durante a semana – menos no nosso Ritual da Pizza de Quarta-Feira à Noite ou quando planejamos jantar fora com antecedência. Contudo, sabendo como nossa programação pode ser imprevisível, deixo no *freezer* dois tipos de entradas para essas noites "excepcionais". Prefiro gastar de 5 reais a 10 reais em uma pizza congelada em meu *freezer* do que de 30 reais a 50 reais jantando fora ou tendo de sair de casa para comprar comida.

Lembre-se de que os alimentos nas suas prateleiras devem ser consumidos. Esforce-se para trocar todos os itens da despensa e do *freezer* no período de três meses. No final de cada estação (quatro vezes ao ano), desafie-se a ver quanto tempo você leva para consumir tudo na sua despensa. Se perceber algo por lá por três meses, coma-o ou doe para uma instituição de caridade e não o compre novamente.

Administrando as refeições

Depois de organizar o estoque de alimentos, o passo seguinte é administrar as refeições. Sempre que possível, pense em planejar múltiplas refeições em cada preparo.

Em 2010, tive o prazer de entrevistar o *chef* Michael Chiarello, da renomada Food Network. Já fazia tempo que queria entrevistá-lo. Sabia que ele tinha nascido e passado a infância na cidade rural de Turlock, na Califórnia, o mesmo local em que meus bisavós possuíam uma fazenda de laticínios. Li que a mãe dele era imigrante italiana e tinha a impressão de que ele fora criado em um ambiente financeiramente equilibrado. Quando enfim tive a oportunidade de entrevistá-lo, minhas suspeitas sobre sua natureza equilibrada se confirmaram. De fato, saí da entrevista inspirada e animada com a minha própria vida equilibrada.

Chiarello é um forte defensor de maneiras de usar os alimentos de modo que não sejam desperdiçados. Um prato popular, servido por ele no Bottega, seu restaurante em Yountville, Califórnia, é almôndegas de peixe-espada. As almôndegas são feitas do excesso de bifes cortados do peixe-espada. Esse prato, feito de sobras que teriam sido jogadas fora em muitos outros restaurantes, é um dos mais populares no cardápio.

Usar as sobras de forma inteligente pode ajudá-la a inventar um prato que venha a ser o favorito da família. Pique sobras de legumes e carne, misture-os ao arroz já feito e você terá uma refeição completa. Minha amiga Janna usa sobras de legumes e carne para rechear burritos servidos no café da manhã. Você pode fazer os sanduíches de carne assada mais deliciosos com sobras de carne ou misturar batatas a qualquer carne assada que tiver. Suas opções são ilimitadas.

Você pode congelar as sobras em pequenos potes, o que fará com que ganhe tempo em uma noite em que estiver com pressa. Alguns minutos no forno de micro-ondas ou vinte a trinta minutos no forno e você terá um jantar caseiro em uma noite em que provavelmente estiver precisando muito disso. Sobras do jantar também podem dar deliciosos almoços!

Não pense apenas em termos de sobras, entretanto. Um dos itens mais preciosos da família Tosetti é um barril de vinagre de 20 litros com mais de cem anos de idade. Desde antes do terremoto de 1906 de São Francisco, a família de Paul joga o restante do vinho consumido durante a noite no barril, que o transforma no vinagre mais delicioso. Eles usam esse vinagre em fermentação contínua para temperar saladas, sabendo que estão compartilhando algo criado por gerações passadas que permanece até hoje.

Ter o hábito de usar as sobras de forma criativa fará com que você economize tempo e dinheiro. Também irá inspirar deliciosas refeições as quais jamais teria pensado em criar antes.

Consuma comida de verdade

Quanto menos processados forem os alimentos que você consome, menor será o custo, e eles serão melhores para você. Esteja disposta a trabalhar um pouco. Pés inteiros de alface são bem mais baratos do que sacos de salada verde. Cenouras inteiras custam menos do que as cenouras *baby* ensacadas. Um frango inteiro pode ser 75% mais barato do que peitos de frango ensacados. Quando você se sentir bem cozinhando uma ave inteira, irá descobrir que, durante o preparo de uma refeição, terá alimento para duas ou três refeições, além das possibilidades adicionais de um estoque de alimentos caseiros.

Cozinhar alimentos frescos é de longe mais saudável e mais barato do que os comprados em lojas de conveniência. Contudo, lembre-se de que talvez seja preciso congelar alguns itens para tê-los à mão naquelas noites em que chegar em casa exausta. Isso irá manter a entrega de pizza distante.

Na verdade, levamos essa ideia de preparar "o mínimo possível de processados" ao extremo em 2009 quando, juntamente com outras seis colegas, começamos uma estratégia de "divisão da vaca". O grupo de sete comprava um novilho de 400 quilos e alimentávamos no rancho do meu pai durante quatro meses. Depois do abate, ele nos dava cerca de 250 quilos de carne (uma média de 35 quilos por família). Todas recebíamos a mesma quantidade de bistecas, maminhas, filés, acém, hambúrguer, carne para ensopado e ossobuco. Depois de todas as despesas, incluindo o preço original do novilho, alimentação e abate, o custo final era 2,64 reais por quilo. Sim, havia a vantagem de o novilho ficar no rancho do meu pai, mas ser equilibrado não se trata de fazer bom uso dos próprios recursos?

Assim que consumíamos metade dos nossos 35 quilos de carne guardados no *freezer*, recomeçávamos todo o processo. Se estiver interessada em fazer a mesma coisa, a internet é o melhor lugar para começar. Você pode fazer parte de um grupo já formado na sua região ou pode contatar um fazendeiro local e criar o próprio grupo.

Livro de receitas da família

Ao descobrir receitas que você e sua família gostam, escreva-as e dê início ao livro de receitas da família. Use algo tão simples quanto um fichário. É possível até usar plásticos que protejam as folhas e não danifiquem as receitas. Até mesmo os cozinheiros mais limpos podem ser pouco zelosos na cozinha.

A beleza de um livro de receitas na família está no dia em que você não estiver inspirada durante o planejamento das refeições e puder usá-lo como referência para novas ideias. Isso também irá garantir que as receitas apreciadas por você fiquem em um lugar seguro em que possam ser facilmente encontradas.

Receitas favoritas são como tesouro. Com o tempo, seu livro de receitas da família irá se tornar uma relíquia. Há alguns anos, montei um livro de receitas para os meus sogros. Comecei separando secretamente cinco receitas favoritas da família. Digitei-as, fiz cópias delas e as organizei em um álbum de fotos estilo fichário. O legal de ser um álbum de fotos é que páginas podem ser acrescentadas com facilidade e as receitas ficam protegidas durante o preparo das refeições.

Cada membro ou clã da família Tosetti recebeu um exemplar do livro. Disse a eles então que se me enviassem suas receitas prediletas iria digitá-las com a mesma fonte e distribuí-las a todos. É um presente em constante evolução.

Culinária

Como já mencionado, durante os anos 1970, os norte-americanos começaram a se desviar da ação de cozinhar em casa. O efeito colateral infeliz disso foi que muitas crianças não aprenderam a cozinhar. Para os adultos, o fato de pensar em cozinhar pode se transformar em algo impressionante. Por sorte, o ato de cozinhar voltou a ficar em voga como passatempo. Passamos de dois *chefs* nos ensinando o básico na televisão pública a dois canais dedicados inteiramente à culinária. Programas de culinária não são apenas educacionais, mas também representam entretenimento. Não existem mais desculpas para não saber cozinhar.

Um dos melhores *chefs* de cozinha famosos com quem se pode aprender a cozinhar é Alton Brown. Assista na internet (o programa não é exibido no Brasil) a um episódio do programa *Good eats* [Boas refeições] que você irá aproveitar várias dicas úteis. Mais importante ainda, você irá aprender a ciência da culinária. Entender a ciência da culinária pode ser de grande ajuda no domínio da arte de cozinhar.

A *chef* Jennifer concorda e diz: "Quando dava aulas de culinária, implorava para todos os meus alunos assistirem Alton Brown. O que ele faz que o torna tão único é ensinar a ciência por detrás do funcionamento das coisas, como a técnica opera e como obter os resultados almejados. Como *chef* de cozinha, é mais importante entender esses conceitos. Essa informação é essencial para ajudá-la a dominar um método culinário e, acima de tudo, ajuda a obter os resultados desejados quando você cria e experimenta. Por exemplo, se criar uma receita usando um molho bechamel que não ficou com a textura que queria, ele teria ensinado que, quanto mais você cozinha o *roux*,* menos espesso ele fica. Vai saber se precisa de mais *roux* ou de um tempo menor de cozimento e poderá ajustar a receita da melhor forma para você. Esse conhecimento é muito importante e ele é uma das poucas celebridades que ensinam coisas básicas de tamanha importância!".

Lojas de utensílios de cozinha geralmente oferecem cursos de culinária gratuitos como uma forma de demonstrar os produtos vendidos. Pesquise as da sua região ou as que gosta de frequentar.

A maior parte dos centros comunitários oferecem aulas de culinária mediante pagamento de taxa simbólica. Os centros são ótimos lugares para aprender o básico e técnicas avançadas, tais como decoração de bolos.

Alguns atacadões oferecem vários tipos de aula de culinária. Suas habilidades com a faca e as aulas de decoração de biscoitos foram aulas que aproveitei inteiramente. Não foram gratuitas, mas a taxa valeu por tudo que aprendi. Lojas mais sofisticadas também oferecem aulas de culinária. Verifique nas lojas do seu bairro para ver se possuem mala direta em que você possa se cadastrar para ficar sabendo dos próximos cursos.

Uma das minhas formas prediletas de aprender a cozinhar é perguntando a um amigo ou parente que tenha habilidades na cozinha. Ofereça-se para comprar as mercadorias em troca da aprendizagem. Você terá a oportunidade de fazer perguntas durante todo o processo. Ainda, haverá o benefício de uma tarde memorável passada com alguém que se admira e a diversão de se saborear uma refeição sentada à mesa após a aula.

---

* Mistura de farinha e manteiga usada para engrossar molhos. (N. T.)

Se cozinhar é um conceito novo para você, comece lentamente e comprometa-se a fazer pelo menos uma ou duas refeições por semana. Pegue um prato básico que você aprecia e procure a receita na internet. Muitos sites têm excelentes exibições em que as pessoas podem comentar sobre a facilidade de execução das receitas e sobre os resultados, além de darem dicas úteis ou alterações que podem transformar a receita em algo mais fácil ou melhor. Verifique esses comentários ao pesquisar pela receita.

Conforme suas habilidades aumentarem, pense em cozinhar mais uma ou duas noites e dobre a receita. Você poderá usar as sobras para o almoço do dia seguinte ou para o jantar seguinte. Conforme for ficando mais confiante, comece a lentamente ampliar seu repertório. Você perceberá que muitas das receitas básicas são muito fáceis.

Não se preocupe em cometer erros na cozinha. Até mesmo os melhores cozinheiros cometem erros. Algum tempo atrás me esqueci de colocar fermento no meu pão de milho caseiro e o resultado foi cômico – impossível de ser comido, mas cômico! Você pode aprender lições valiosas com seus erros.

Odeia cozinhar? Então monte suas refeições!

Para alguns, não importa quanto dinheiro se consiga economizar, tais pessoas simplesmente odeiam cozinhar. Se esse for o seu caso, sem problemas. Procure apenas mudar sua forma de ver a situação – "monte" em vez de "cozinhar".

Há várias refeições que podem ser montadas em vez de ser cozidas, elaboradas de forma sauté, fritas ou grelhadas. O *chef* Mark nos apresenta sua opinião a respeito da montagem de refeições.

Jogue fora suas velhas ideias sobre sanduíches tradicionais. Em seu nível mais básico, um sanduíche é algo que você pode comer com as mãos, consistindo de algum tipo de invólucro externo (como o pão) e algum tipo de recheio interno (como pasta de amendoim ou presunto e queijo). Bata os ingredientes no liquidificador e experimente usar pães alternativos como o pão pita, tortilhas, pães franceses e até mesmo folhas de alface ou repolho (pense nos charutos asiáticos).

Recheios para sanduíches incluem sobras de carne, frango ou peixe. Pode-se ainda usar legumes fatiados. Abobrinha, berinjela, pepino e cenoura são ótimas opções. Níveis elevados de proteína como húmus representam uma ótima mudança no ritmo. Experimente também azeite de oliva, molhos italianos ou pesto no lugar da tradicional mostarda ou da maionese.

Carne defumada pré-fatiada é a forma mais cara de se comprar carne. Se você realmente não quer cozinhar, vai se dar melhor se for ao mercado que vende frangos inteiros assados ou carne assada e deixar para fatiá-los em casa. Ocasionalmente, surgem boas ofertas de defumados, mas, mesmo assim, peça que fatiem sua compra em vez de comprar a carne ou o queijo já fatiados.

Saladas representam muito mais do que alfaces redondas e molho para salada. Uma das saladas mais interessantes que já experimentei foi uma de carne. Uma salada é uma coleção de alimentos misturados com algum tipo de molho e geralmente é servida fria. É uma outra ótima forma de utilizar sobras. Você pode usar qualquer tipo de legume, folhas verdes, frutas, massa ou grãos como base. Se estiver usando legumes crus, é importante que estejam extremamente frescos.

Ao mesmo tempo em que adoro todos os tipos de molhos, os mais encorpados tendem a deixar a maioria das saladas sensacional. Sempre tenho um pote de tomates secos marinados na geladeira a fim de acrescentar sabor às minhas saladas. Kevin e sua esposa frequentemente elaboram uma refeição inteira tendo salada verde por base. Se você acha que precisa de algo mais substancioso, qualquer tipo de carne assada, frango ou peixe podem incrementar sua salada.

Tecnicamente, usar panelas de cozimento lento encaixa-se na mesma categoria de montar a refeição em vez de cozinhá-la. Apenas jogue um punhado de coisas na panela e deixe cozinhar de seis a oito horas. O segredo para conseguir preparar uma refeição de cozimento lento sem estresse é criar um prato saboroso de "pouca exigência"; para isso, escolha ingredientes que não irão cozinhar demais. Escolha cenouras, batatas, rabanetes e outros legumes crus em vez de tomates e folhas verdes como espinafre. Use temperos frescos, como dentes de alho em vez de alho desidratado, sempre que possível. A beleza do cozimento lento é que a maioria das orientações para as receitas é sempre a mesma. Coloque tudo na panela com algum líquido e cozinhe de seis a oito horas.

Bebidas

As bebidas podem ser um grande peso no orçamento, mas se são importantes para sua qualidade de vida, então há maneiras de torná-las acessíveis.

Nos últimos quinze anos, tive de aceitar a afinidade de Paul com a coca-cola. Sim, sei que estamos na indústria da saúde com a Fearless Fitness. Mas ele gosta. Assim, posso lhe dizer em que lugar a coca está em promoção e a que preço. Sei quando o preço está razoável para pacotes com doze ou 24 unidades. Também sei quando o preço está excepcional, normalmente um pouco antes de feriados como o Memorial Day (dia de homenagem aos combatentes norte-americanos mortos em ação), 4 de Julho, Dia do Trabalho e a final do Super Bowl, e nesses dias levo tudo o que o supermercado permitir que eu compre.

Algumas noites por semana, gostamos de consumir bebidas alcoólicas com nossas refeições. Somos aficionados por cerveja preta e vinho tinto. Durante um bom tempo, resisti em incluir o gasto de bebidas alcoólicas na minha lista de compras. Entretanto, mudei de ideia quando comecei a perceber que pelo preço de um único copo de vinho em um bar ou restaurante posso comprar uma garrafa para Paul e eu desfrutarmos por várias noites. Além disso, pelo preço de duas canecas de cerveja, podemos comprar um pacote de cerveja Guinness com seis latas e desfrutar por uma semana inteira.

Nosso supermercado local tem uma generosa seção de bebidas alcoólicas e nossas garrafas preferidas estão sempre em oferta. Também é possível encontrar boas ofertas em empórios.

Cozinha funcional

Em fevereiro de 2010, juntei-me ao *chef* Mark para ministrarmos um curso básico de gerenciamento de cozinha na Chabot College, na Califórnia. Durante o curso, ele pegou seu kit profissional que continha aproximadamente doze facas diferentes e selecionou três; do *chef*, de desossar e de descascar. Em seguida, contou a todos que aquelas três facas fazem 95% do trabalho enquanto as outras permanecem guardadas. Isso me fez pensar sobre as coisas de que realmente precisamos e não precisamos em nossas cozinhas.

Então perguntei aos *chefs* Mark e Jennifer quais seriam as utilidades essenciais em uma cozinha típica. Por favor, observe que a lista compilada por eles é apenas para servir de parâmetro. As "utilidades domésticas essenciais" irão depender do seu próprio gosto e do tipo de alimento que você aprecia cozinhar e comer. Com isso em mente, apresentamos abaixo as sugestões dos chefes Mark e Jennifer, em suas próprias palavras:

"Utilidades Essenciais" de culinária para uso diário — chefs *Mark e Jennifer*

Na seção de utilidades domésticas de qualquer loja, você pode encontrar uma incrível seleção de artigos de cozinha. Com a crescente popularidade da indústria alimentícia, o número e a variedade de utensílios de cozinha chegam a ser surpreendentes. Um pouco de planejamento poderá ajudá-la a comprar apenas o que de fato precisa, e não o que é seduzida a comprar.

Ter um utensílio correto para o serviço facilita na preparação do alimento e faz com que seu prato saia da maneira como você gosta. Se você está tendo dificuldades porque não possui o utensílio apropriado para o serviço, logo ficará frustrada e desistirá. Não queremos que você desista!

Como você pode imaginar, com dois *chefs* em casa temos um extraordinário suprimento de utensílios de cozinha. São tantas coisas que até chegam a fugir ao nosso controle. Mas, se você for direto ao que interessa, pode criar refeições e sobremesas maravilhosas com os utensílios mais básicos.

Dia após dia, você usará esses mesmos utensílios mais básicos que chamamos de "Utilidades domésticas essenciais". Elas permitirão que você prepare alguns, senão todos, os pratos com os quais sempre sonhou preparar, e sem qualquer esforço. Se a lista parecer demasiada, relaxe. Você não precisa ter tudo de uma só vez para preparar uma refeição. Você deve apenas completar a lista antes de comprar itens que não serão usados com frequência.

Panelas

Todas as panelas, e suas respectivas tampas, devem ser resistentes ao calor do forno. Ou seja, sem cabos plásticos! Sua resistência ao calor do forno permite que você as use como se fossem caçarolas.

Panela sauté de 25 centímetros ou maior — Em uma panela sauté de boa qualidade você pode assar seu frango ou peixe, fazer risoto, panquecas, ovos mexidos, ou até mesmo fritados.

Panelas médias — A panela média é ótima para sopas ou molhos, para esquentar pratos ou cozinhar pequenas quantidades de macarrão.

Panelas grandes — Panelas grandes, ou caldeirões, são essenciais para o cozimento econômico de sopas, chili e muito mais.

Frigideiras de ferro fundido — A antiga frigideira de ferro fundido é uma utilidade essencial em toda cozinha. Você deve usá-la para fritar bacon ou salsicha no café da manhã de domingo. Ela também é a ferramenta perfeita para as noites de sexta-feira quando a família se reúne para comer hambúrgueres, além de dar aos bifes um sabor perfeito e fazer a melhor das batatas fritas. Em nossa família, preparar um pão de milho americano em qualquer outro lugar que não seja uma frigideira de ferro fundido é um crime.

Ao decidir sobre a qualidade das panelas que irá comprar, você deve considerar o impacto em seu orçamento. Recomendamos produtos de alumínio anodizado. Normalmente, se ficar atenta às ofertas, poderá conseguir bons negócios. Você também poderá encontrar ofertas fantásticas em lojas especializadas para *chefs* de cozinha. Se não estiver preparada para investir em equipamentos de alta qualidade, procure panelas de alumínio básico. Elas não vão durar tanto, mas têm preço acessível e podem complementar sua pequena coleção enquanto você a implementa. Elas fazem um bom trabalho e são normalmente usadas pela maioria dos restaurantes.

Utensílios culinários

Espátula — As espátulas são adaptadas para altas temperaturas. Certifique-se de selecionar uma espátula adequada se suas panelas especiais precisam dessa proteção. Ainda, se suas panelas não são antiaderentes, procure uma espátula de plástico resistente a altas temperaturas.

Espátula de silicone — É um utensílio de plástico, ou madeira, com uma ponta grande de borracha, perfeito para misturar massas de biscoito ou molhos em altas temperaturas em uma panela sem antiaderente. Esse utensílio prático não irá riscar suas panelas e elas resistirão acima de 260 °C.

Pinças e pegadores — Considere as pinças e os pegadores como uma extensão de suas mãos em ambientes hostis. Também são ótimos para misturar saladas e virar alimentos marinados. Há inúmeros estilos no mercado, mas sugerimos que evite aqueles mais sofisticados, com trava ou do tipo multiuso. As funções extras só irão atrapalhar e complicar o uso adequado desses utensílios. No entanto, procure adquirir pinças ou pegadores que tenham molas.

Colheres de madeira — São baratas, não riscam e são boas para mexer qualquer coisa.

Descascador de batata e legumes — Os descascadores tradicionais são aqueles com lâmina móvel. São ótimos para formas alongadas como a da cenoura. O descascador suíço, ou com formato de um "Y", possui a lâmina sobre o "Y" e funciona muito bem com formas arredondadas como a da batata. Pelo preço acessível, podemos ter ambos. A lâmina perderá o corte com o tempo, portanto, substitua seu descascador quando necessário.

Tigelas — Uma variedade de tamanhos permite que você bata ovos, misture saladas etc. Um kit de tigelas pequenas pode ser útil para o preparo e armazenamento de ingredientes individuais.

Copo medidor grande — Os copos medidores grandes são úteis na preparação de bolos e tortas, podendo até servir como tigelas. Além disso, a maioria vem com bico dosador, ótimo para fazer panquecas.

Raladores — O ralador de quatro faces pode ralar blocos de queijo inteiros e sacos de cenouras. Esse utensílio deve ser sólido, durável e lavável em lava-louças, pois não existe nada pior do que tentar lavá-lo à mão com todos aqueles dentes. O descascador/ralador é melhor para detalhes mais finos como descascar um limão, ralar canela fresca ou adicionar um toque final de queijo a um prato com macarrão.

Copo medidor individual de fácil leitura — Não há nada pior do que encher até uma linha e perceber que estava olhando para a medida errada! Há muitos tipos disponíveis no mercado, mas preferimos aqueles com marcações destacadas e com um lado afunilado que permite atingir com facilidade a medida escolhida. Lembre-se de ter um de vidro se pretender usá-lo no micro-ondas.

Coadores e escorredores — Para usar com macarrão até cozidos em geral, ambos são essenciais em uma cozinha. O escorredor é a maneira mais fácil de lavar e escoar alimentos, como vegetais ou macarrão. O coador faz o mesmo serviço, mas com uma atenção maior ao detalhe. Além disso, você pode usar um coador para filtrar farinha, remover pedaços de um molho, polvilhar um bolo com açúcar ou coar as sementes de um purê de maçã.

Colheres medidoras — Preferimos colheres medidoras plásticas, pois possuem maior durabilidade. Vale a pena ter dois kits: um para ingredientes líquidos e outro para sólidos.

Batedor de inox — Para misturar ingredientes líquidos, bater claras em neve etc. Um utensílio essencial para toda cozinha. Tentamos vários tipos de batedores, incluindo os de náilon, os retos e aqueles com uma pequena bola dentro. A conclusão é que o que se quer é um batedor que caiba confortavelmente em sua mão e que seja grande a ponto de ser manuseado com facilidade. Com ele, podemos bater um creme volumoso em menos tempo do que em uma batedeira básica.

Alguns batedores novos estão disponíveis com uma camada de silicone sobre seus arames. São a melhor escolha quando usados com panelas sem antiaderente. No entanto, você não precisa da proteção extra se usar panelas e tigelas de aço inoxidável.

Termômetro culinário digital — Esse utensílio é simples, não usa baterias e pode ir de 0° a 104 °C sem qualquer dificuldade.

Utensílios resistentes ao calor

Assadeiras médias — Encontre lojas com ofertas ou promoções e compre assadeiras médias em alumínio. Graças à altura, você pode assar biscoitos, brownies ou até mesmo fritar bacon. O preço é acessível e são duradouras.

Caçarolas — Para cozinhar macarrão ou frango, as caçarolas grandes e retangulares são as melhores. Podem também ser usadas para bolos ou outros assados, como os enroladinhos de canela. O vidro é o condutor de calor mais fraco que existe, portanto, procure comprar uma caçarola de alumínio anodizado. As caçarolas grandes, usadas para assar peru, que ficam em oferta próximo ao Natal, são uma ótima opção.

Utensílios para assados

Formas para bolos e tortas — Formas padrão para bolos, redondas ou retangulares, são utensílios que você adquire com o tempo. Recomendamos formas de alumínio pela durabilidade e cozimento uniforme.

Tapete de silicone — Algumas pessoas podem achar que não é um utensílio essencial, mas para assar biscoitos perfeitos, na opinião de uma especialista em folhados (*chef* Jennifer), ele é necessário. O tapete impede que seus assados fiquem grudados e garante um cozimento uniforme sem tostar no fundo. Vale cada centavo gasto com ele. Também adquiri os genéricos. São tão bons quanto os de marca conhecida e duram anos. Mantenha-os longe das bocas do fogão para evitar que queimem.

Balança de cozinha — Se você cozinha com muita frequência, precisa ter uma balança. É a maneira mais adequada de assegurar que suas receitas sejam sempre consistentes e que você possa usar receitas profissionais. É possível encontrar modelos com preço acessível, a partir de 20 reais, e a durabilidade é grande.

Utensílios de corte

Faca do chef — Há muitos tipos e estilos no mercado, mas o que você realmente precisa é de uma faca do *chef* simples, de boa qualidade e para todas as ocasiões. É importante encontrar uma que tenha o tamanho adequado e se encaixe confortavelmente em sua mão. Sugerimos que ela tenha cano curto e uma extensão de 20 a 25 centímetros no máximo.

Faca de desossar — Menor que a faca do *chef*, permite uma pegada firme, sendo pequena o suficiente para navegar entre ossos com a longa, fina e afiada lâmina. Incluímos essa faca na esperança de que você aprenda a desossar frangos, carnes de porco e de costela e consiga, assim, economizar muito dinheiro em longo prazo.

Faca de descascar — Pequena e útil, essa faca é usada para cortes pequenos e precisos. É projetada para encaixar inteiramente em sua mão e garantir o controle máximo da lâmina.

Faca de serra para pão — É um utensílio essencial, pois corta o pão de forma adequada. Também pode ser usada para fatiar tomates.

Tábuas de corte — Vale a pena adquirir algumas tábuas de corte para assegurar que você sempre tenha uma limpa para diferentes usos, e uma apenas para carne crua. Elas são produzidas em várias cores, facilitando sua seleção para alimentos diferentes. Para maior segurança e para impedir que escorreguem, coloque-as sobre um pano de prato úmido.

No ramo das facas, apostar em qualidade significa alcançar os melhores resultados. Além disso, seu investimento durará por muito mais tempo. Muitas marcas famosas vêm com garantias para toda vida. A melhor coisa sobre as facas de alta qualidade é que as pontas ficam afiadas por muito mais tempo.

Invista em um bom amolador para manter suas facas afiadas. Se você não sabe amolar uma faca, visite o site do fabricante para instruções. Quando se compram utensílios de qualidade, eles proporcionam bons resultados, mas precisam de manutenção. Nunca coloque suas facas culinárias na lava-louças ou os cabos serão danificados e a durabilidade reduzida.

Outras utilidades domésticas

Batedeira planetária — A queridinha de todo *chef*, para todos os assados e massas com farinha.

Processador de alimentos — Processa todos os tipos de massa de farinha, tortas, molhos caseiros, queijos ralados e recheios.

Liquidificador — Ótimo para molhos, tempero de saladas, sopas e coquetéis.

Panela elétrica de cozimento lento — É tão bom chegar em casa e sentir o cheiro de carne de porco ou daquele Bouef Bourguignon (bife à moda da Borgonha) preparado na panela de cozimento lento. É uma panela elétrica indispensável para qualquer pessoa com a agenda cheia.

Certamente, esses são alguns itens que talvez, verdade seja dita, você possa viver sem. Todas as suas funções podem ser feitas à mão ou usando métodos tradicionais. Mas o fato de esses itens facilitarem sua vida na cozinha possibilita que você cozinhe ainda mais em casa. Isso garante a eles, pelo menos, uma inclusão parcial na lista de utilidades domésticas essenciais. Ou, no mínimo, podem fazer parte da sua lista natalina de desejos.

Arrumando a mesa

Reunir toda família para uma refeição é um importante ritual da vida. E mesmo não figurando na lista de utilidades domésticas, esses itens tornarão a refeição um evento ainda mais agradável. Poder servir seus pratos de maneira atraente a deixará orgulhosa dos seus esforços, e seus familiares à mesa sentirão todo o amor depositado na refeição.

Pratos e tigelas — Se você começar com apenas alguns pratos e tigelas de tamanhos variados, considere usar cores lisas, assim poderão ser usados em todas as ocasiões. Quando você já tiver uma coleção decente, procure investir em estilos especiais.

Colheres para servir — Você vai encontrar inúmeros usos para colheres grandes comuns e para uma ou duas colheres grandes perfuradas.

Garfo para carne — É essencial para feriados comemorativos que incluem pedaços grandes de carne, como assados, peru e presunto defumado.

Faca de trinchar ou fatiar — Se você planeja entreter seus convidados, ela pode se tornar um importante acréscimo à sua cozinha, tanto para fatiar assados e perus quanto para qualquer outra carne grande. Possui uma longa e fina lâmina que torna seu corte suave. Como não possui corte serrado nem lâmina estreita, é capaz de fatiar uma carne com apenas uma passada suave. Se necessário, sua faca de serrar pão ou a faca do *chef* podem quebrar um galho.

Pinças ou pegadores para servir — São uma versão mais sofisticada das pinças ou pegadores comuns, mas não tão duráveis para o uso culinário.

Fique atenta às ofertas das lojas de produtos importados, pois nelas você pode encontrar itens de qualidade a um preço reduzido.

Acessórios para cozinha

Uma boa maneira de determinar se um acessório para cozinha é uma compra positiva é responder à seguinte pergunta: "Ele pode ser usado para mais de uma coisa?". Todo acessório que só pode ser usado para um único propósito, mesmo que divertido, não é prático. Seu dinheiro pode ser mais bem aproveitado em utilidades domésticas essenciais de alta qualidade ou em algo mais versátil.

Por exemplo, você já viu aqueles interessantes cortadores de abacate? Eles são uma boa ideia, mas, em vez de optar por eles, você poderia comprar um descascador de alta qualidade, que torna a tarefa de descascar (incluindo o abacate) muito mais fácil. Além disso, pode ser usado para cortar queijos duros ou pedaços grandes de chocolate em tiras. Essa é uma legítima e versátil utilidade doméstica.

Quando eu (Jennifer) estava estudando em uma escola de culinária, fui ridicularizada por um *chef* francês por ter usado um liquidificador para fazer maionese. Segundo ele, o tempo que demorei para pegar, preparar e limpar o liquidificador teria sido o mesmo de pegar uma tigela e fazer à mão. Isso pode parecer extremo, mas é um bom exemplo. Você precisa de um acessório que faça creme chantili? Não, você precisa apenas de alguns minutos, uma tigela limpa e um batedor de arame. Você precisa de um acessório que corte a cebola? Não, é muito mais rápido e prático que você mesma pegue a faca e corte a cebola.

No entanto, se fizer um cálculo entre o custo de um acessório e o tempo que acredita que irá economizar, e se esse acessório irá influenciar sua decisão de cozinhar ou comer fora, compre-o e aproveite-o.

Uma cozinha bem equipada, com todas as utilidades domésticas que você mais usa, é uma garantia de sucesso. Você poderá preparar pratos para toda a família cozinhando em casa com mais frequência e economizando seu tão suado dinheiro.

Bom Apetite!

chef Mark & *chef* Jennifer

Organização

Conforme você for passando mais tempo na cozinha, perceberá com o tempo que é uma experiência muito mais agradável cozinhar com ela sempre organizada. Os restaurantes profissionais obedecem ao que poderíamos chamar de regime militar. Cada utensílio tem sua importância e seu lugar.

Agora que você sabe a diferença entre um acessório e uma utilidade doméstica essencial, examine sua cozinha e coloque cada coisa em seu lugar. Faça-o de maneira que consiga localizar facilmente o que estiver precisando. Se o molho *béarnaise* estiver começando a engrossar, você não vai querer vasculhar uma gaveta cheia de inutilidades até achar a colher de que precisa.

O mesmo vale para recipientes para guardar comida. Invista em um conjunto de recipientes de qualidade e livre-se daquelas tigelas velhas e surradas que você tem usado. Tudo em sua cozinha deve ter uma importância e um objetivo. Embora as tigelas reaproveitadas sejam "gratuitas", elas tendem a multiplicar-se como os animais assexuados da série de TV *Star Trek*, ou seja, de recipientes passam a ser uma pilha de coisas inúteis.

À mesa

Comida é cultura. É tradição, celebração e uma necessidade vital. As refeições não precisam ser sem graça porque você está preocupada com os gastos. Até mesmo uma comida tão simples quanto um ensopado pode ficar com uma cara superboa quando servida em uma linda tigela e acompanhada de água gelada, servida em uma taça de vinho. Pense um pouco sobre como apresentar a comida e você verá como isso pode ser divertido. A indústria dos restaurantes sempre usou a arte decorativa como uma forma de fazer com que os alimentos fiquem mais chamativos. Por que não fazer o mesmo com os pratos que você serve em casa?

Morando do outro lado da rua dos meus avós, fiz refeições deliciosas e memoráveis na casa deles. Arrumava a mesa para a minha avó, geralmente com pratos de papel (descartáveis). Toda a comida era colocada na mesa bem ao estilo familiar, ou seja, cada um se servia. Minha avó estava acostumada a cozinhar para dez, quinze pessoas a qualquer hora, e, a menos que fosse uma ocasião especial, a aparência da mesa não era tão importante quanto alimentar todos aqueles lavradores famintos.

Em contrapartida, lembro-me da primeira vez em que jantei na casa da família do meu marido. Fiquei um tanto intimidada ao ver a mesa linda e tão bem arrumada, com guardanapos de pano e velas. Depois de aceitar uma bebida antes do jantar, fiquei surpresa com o fato de o pai de Paul e sua madrasta estarem conversando conosco, e não na cozinha, ocupando-se do jantar.

Quando meu sogro foi à cozinha e declarou que o jantar estava pronto, Joan foi para a mesa de jantar e pegou os pratos de todos. Meu sogro, então, colocou a comida nos pratos. Durante o jantar, pudemos escolher se queríamos vinho tinto ou branco. Fiquei surpresa com a deliciosa combinação do vinho com a comida. Antes disso, eu nunca tomara vinho durante uma refeição.

Depois do jantar, ajudei Joan a levar os pratos e ficamos batendo papo na cozinha enquanto ela os enxaguava levemente e os colocava na lava-louças. Em seguida, ela fez café e serviu um bolo que minha cunhada, com 12 anos na época, fizera para a ocasião.

Do início ao fim, a refeição foi elegante e sem esforço. Eis o truque: era a mesma comida deliciosa que eu adorava à mesa da minha avó. O simples fato de comer em pratos elegantes em vez de pratos descartáveis, de usar guardanapos de pano e de acender algumas velas fez uma enorme diferença na apresentação e na degustação da comida.

Mais tarde, soube que sempre que recebiam visitas, meus sogros tinham aproximadamente cinco diferentes refeições, de sua preferência, para servir. Eram pratos que podiam ser feitos com facilidade e que permitiam que pudessem entreter as visitas e não ficar enfurnados na cozinha.

Quando entrevistei o *chef* Chiarello, ele fez um comentário semelhante sobre quando cozinha para familiares e amigos: "Se você passa dois dias na cozinha antes de um evento, suando e usando ingredientes supercaros para a comida, e no dia do evento você está na cozinha, e não à mesa, divertindo-se com os amigos, a refeição vai ficar excelente, mas você não vai apreciá-la. Mude de atitude, compre aquele vinho baratinho e divirta-se à mesa com seus amigos, e a comida vai ficar saborosa porque você está lá, o tempo todo, para apreciá-la".

Aquela primeira refeição com os meus sogros representou uma lição impactante: a apresentação pode aumentar muito o prazer de uma refeição. Desde então, em casa, servimos todas as refeições em pratos elegantes. Mantenho meus copos de cerveja na geladeira. Quando bebo cerveja, uso esses copos em vez de beber diretamente da garrafa. Às vezes, quando quero me alegrar um pouco, uso uma taça de vinho para beber água gelada.

Ainda adoro ir à casa da minha avó e me entregar às refeições deliciosas que estão em sua mesa. Embora prefira fazer meu prato na cozinha quando estou em casa, na casa dela adoro comer no "estilo família", porque lá essa é a tradição.

Quando eu estava escrevendo este livro, minha mãe me lembrou de uma conversa que tivemos quando eu tinha 15 anos e lhe perguntei a razão de nunca usarmos louças boas. Ela me disse que ficavam guardadas para quando tivéssemos convidados. Perguntei-lhe a razão de não as usarmos, uma vez que para mim éramos tão bons quanto qualquer convidado. Relembrando essa conversa, ela mencionou que antigamente a louça fina e os talheres de prata passavam de geração em geração e eram insubstituíveis. Ademais, para muita gente, não havia dinheiro suficiente para substituir um item perdido ou quebrado. Assim, tornou-se hábito poupar a "louça boa" apenas para usar em ocasiões muito especiais. Atualmente, até mesmo relíquias de família podem ser repostas em muitos casos. Acrescente beleza à vida comum e use sua boa louça para as noites em que você manda vir uma pizza ou para qualquer outra ocasião especial.

Controle da quantidade

A prática do controle da quantidade diz muito sobre o estilo equilibrado de sua vida. Não é segredo que nos últimos trinta anos a porção média servida nos restaurantes praticamente triplicou. Infelizmente, levamos parte da comida para casa e, com frequência, comemos duas vezes mais do que o necessário, ou esperamos por uma segunda ou terceira rodadas. A simples prática do controle da quantidade vai poupar-lhe dinheiro e calorias.

Quando comer fora, habitue-se a degustar metade da comida servida no restaurante, e então leve a outra metade para casa. Os benefícios: você não tem de preparar uma nova refeição, economiza ao dividir a refeição em duas partes (uma saboreada no restaurante e a outra em casa) e ainda se delicia com o prato uma segunda vez.

O mesmo pode ser feito em casa. Diminua suas porções e não as repita. Haverá muita comida para mais uma ou duas refeições. E isso reduz o tempo que você passa cozinhando. Você estica o dinheiro gasto com aquela refeição de modo que tenha mais duas ou três refeições, podendo apreciá-las a seu bel-prazer.

Ou seja, pense no que seja prático e vantajoso! Se você gosta de bebidas à base de café, em vez de optar pelo frappuccino tamanho grande, escolha o pequeno. Por que não poupar dinheiro e calorias? Se quero perder peso, preciso consumir menos.

Embora o ramo alimentício seja um dos que mais nos permitem economizar dinheiro no nosso cotidiano, resista à compulsão de ser excessivamente simples. Lute pelo equilíbrio. Torne-se faixa preta na compra de gêneros alimentícios. Descubra a alegria de preparar suas próprias refeições. Procure maneiras de tirar o máximo proveito das mais simples refeições.

"Nada seria mais chato do que comer e beber
se Deus não os tivesse transformado
em hábitos agradáveis e necessários."
Voltaire

10 ótimas sugestões para a alimentação e a cozinha

1. Encontre uma amiga que aceite fazer o supermercado com você e dividir as compras. Em vez de ter de achar um local para estocar trinta rolos de papel higiênico, você precisará de espaço para apenas quinze.
2. Quando for possível, prefira comprar hortaliças frescas em uma mercearia local ou em um sacolão que comercialize alimentos diretamente vindos do campo; opte também por uma loja especializada em alimentos e bebidas menos comuns.
3. Ao diminuir suas saídas para jantar fora, fique mais seletiva quanto aos locais que frequenta e quebre a monotonia de ir aos mesmos lugares repetidas vezes. É divertido conhecer novos lugares!
4. Só porque alguma coisa está em liquidação não significa que seja um bom negócio para você. Se for para juntar poeira na prateleira de sua despensa, deixe o produto na mercearia.
5. Mantenha a pia livre de pratos e coloque uma tábua pronta para ser usada na sua bancada. A pia limpa e a tábua são convidativas e lhe inspiram a cozinhar imediatamente, em vez de ter de limpar tudo antes de começar a cozinhar.
6. Com o desenvolvimento de suas habilidades culinárias, tente uma receita nova a cada semana. É fácil entrar na rotina de preparar sempre a mesma coisa. Com tantos recursos de baixo custo e receitas disponíveis, a inspiração para cozinhar acontece em um piscar de olhos.
7. Invista em uma panela elétrica de cozimento lento! Trata-se de uma panela que vai economizar seu tempo, pois, lentamente, cozinha seu jantar enquanto você está no trabalho. E, é claro, vai significar economia de dinheiro. O processo de cozinhar lentamente transforma os cortes de carne menos nobres em refeições deliciosas.
8. Outro bom investimento é comprar vários potes de vidro com tampa hermética para guardar produtos secos como arroz e macarrão. Os alimentos vão durar mais do que se guardados nas caixas e embalagens originais. Será mais fácil fazer sua lista de compras, pois, podendo ver os alimentos sem ter

de abrir a tampa, fará com que veja o que há em maior ou menor quantidade. O uso desses potes também dará um visual bonito e limpo às prateleiras de sua despensa. Você pode, inclusive, guardá-los na geladeira, para manter fresco o manjericão, a salsa e as folhas de coentro. Vão durar duas vezes mais se guardadas com água.

9. Crie uma caderneta de preços. Nela, anote os preços atuais (normalmente praticados) dos produtos e os preços quando estão em promoção, ou anote os preços dos itens que você compra com regularidade para facilitar a comparação. Também inclua o preço "por unidade", para que possa facilmente comparar os diferentes tamanhos dos recipientes (caixas, vidros, sacos etc.). Isso é muito útil na comparação entre supermercados e mercearias comuns.
10. Escolha o que vai comer na próxima refeição enquanto estiver preparando a refeição atual. Isso lhe dará tempo para descongelar algo, se necessário, e para se certificar de que tem tudo de que precisa.

A maior dica de todas: Nunca vá às compras com fome! Você voltará para casa com sacolas cheias de guloseimas e nenhum alimento de verdade!

Capítulo 11

Dinheiro

Durante os últimos sete anos em que publicamos *The Savvy Life*, ministrando aulas, apresentando seminários, trabalhando individualmente com clientes e por meio das minhas próprias experiências pessoais, aprendi como podem ser fortes as emoções que cercam o fator dinheiro. Existe o medo de:

- Não haver dinheiro suficiente para pagar as contas.
- Não saber como gerenciar corretamente a conta bancária.
- Prosperar financeiramente e depois perder tudo em decorrência de investimentos errados.

Também trabalhei com muitas pessoas que tinham medo de cuidar das próprias finanças. Pagavam as contas de forma irregular, deixando a situação ainda mais fora de controle.

Do mesmo modo como ocorre com a indústria da dieta, as informações disponíveis sobre finanças pessoais são ilimitadas. Há ótimos livros no mercado, mas encontrar um sistema que atenda às suas necessidades pode ser um tanto trabalhoso.

No capítulo 3 sobre hábitos para uma vida equilibrada introduzimos seis hábitos e rotinas que ajudam a gerenciar suas finanças de modo fácil e eficiente. Os hábitos da vida financeira inteligente são fáceis de serem iniciados, mantidos e desenvolvidos. Este capítulo procura focar em outros aspectos das finanças pessoais que possam ajudá-la a simplificar tal processo e assumir o controle do seu dinheiro.

Neste capítulo, veremos:

- Para onde vai seu dinheiro.
- Como organizar as finanças.
- Formas diferentes de pagar as contas.
- Várias maneiras de quitar dívidas.
- Diferença entre pagar em dinheiro e com cartão de crédito.
- Como realmente poupar seu dinheiro.
- O poder dos juros compostos.
- Como usar cartões de crédito com responsabilidade.
- Regras práticas sobre finanças.

Para onde vai todo o dinheiro?

Digamos que você recebe quinzenalmente e que ao final da primeira semana restam apenas 100 reais. Para onde vai todo o dinheiro? De acordo com a engenharia, você não pode controlar algo até que tenha feito todos os cálculos necessários. Ou seja, você não pode controlar seus gastos até que consiga entender como ocorrem e quais são eles.

Em 2009, o Ministério do Trabalho norte-americano realizou uma pesquisa sobre como o dinheiro da classe média americana era gasto (no Brasil, os dados são um pouco diferentes. Veja detalhes na nota de rodapé da página 135).

Segundo os resultados, os cinco maiores gastos eram:

- Moradia.
- Transporte.
- Alimentação.
- Seguro e pensões.
- Assistência médica.

Para cada indivíduo ou família a situação é diferente. Você precisa examinar as próprias finanças para localizar onde estão as maiores despesas. Esse é o primeiro lugar para procurar por possíveis alternativas de economia. Isso segue o princípio geral de negócios em que a meta é buscar "o fruto mais próximo", fazendo as maiores e mais fáceis mudanças primeiro. Mas, antes de colocá-lo em prática, há alguns fundamentos básicos a serem seguidos primeiramente.

Organize-se!

Uma das razões mais comuns pelas quais as pessoas atrasam suas contas é a falta de organização. Elas:

- Não conseguem encontrar seus boletos.
- Desconhecem as datas de vencimento.
- Não conseguem identificar para onde vai o dinheiro que acreditavam estar na conta-corrente.
- Não praticam o hábito financeiro inteligente nº 2, nem monitoram os gastos regularmente. Quando decidem pagar as contas, precisam passar um bom tempo calculando se possuem dinheiro suficiente em conta bancária; ou pior, sem fazer qualquer cálculo, começam a pagar as contas na esperança de haver dinheiro suficiente.

Portanto, como evitar essas armadilhas? Organizar-se não significa comprar um fichário, passar horas nomeando pastas e criando sistemas complexos de pagamento. Na verdade, isso é exatamente o que você não deve fazer. Torne o processo o mais simples possível.

- Use um fichário para manter os boletos em um único local. Assim que os boletos chegarem pelo correio, insira-os diretamente em suas respectivas pastas.
- Dentro de cada pasta, organize todos os boletos por data de vencimento.

- Rastreie seus débitos automáticos e acrescente uma cópia impressa dos recibos à sua pasta.
- Comece a praticar o hábito financeiro inteligente nº 2 e monitore sua conta bancária regularmente. Lembre-se, o desconhecimento sai caro.

Dessa forma, quando o dia do pagamento chegar, será muito mais fácil pagar as contas e registrá-las em seu sistema de monitoramento financeiro. É simples assim. Quanto mais simples for o processo, maiores serão suas chances de se habituar a ele.

Quando ajudo uma amiga a organizar as finanças, o processo de organização dos boletos é sempre o primeiro passo a ser dado. Na maioria das vezes, o dinheiro necessário para pagar as contas estava lá, apenas não estava organizado de forma apropriada. A beleza de se criar um sistema como esse é que você só precisa fazê-lo uma vez. Depois disso, é só dar continuidade à rotina organizada.

Microsoft Money™, Quicken™ ou...

Há muitos *softwares* de boa qualidade no mercado que podem auxiliar na organização e no monitoramento das finanças, e Microsoft Money™ e Quicken™ da Intuit são dois dos melhores. Ambos possuem vários alertas e recursos, incluindo a habilidade de gerar relatórios que mostrem para onde vai seu dinheiro.

Já usei e gostei muito de ambos, mas no intuito de simplificar, o que funcionou melhor para mim — e que continuo usando — é a fácil planilha do Excel apresentada no capítulo 3. É muito semelhante a um gerenciador de cheques, com campos para o lançamento do número do cheque (quando necessário), da data, do tipo e número da transação, e do saldo atual.

#	Data	Transação	Saque	Depósito	Saldo	x
	15/2	Salário		1.000,00	1.000,00	x
239	15/2	Supermercado	–75,00		925,00	x

O que faz a planilha de Excel funcionar tão bem para mim é o fato de usar apenas uma a cada período de recebimento de salário. Em vez de continuar na mesma planilha, recomeço uma nova sempre que recebo um novo salário. Todas as planilhas são mantidas em um único documento do Excel. No início de cada ano, crio um novo documento.

Para monitorar meu orçamento, abro a planilha do mês e lanço meus gastos do dia anterior todas as manhãs. Depois, entro na minha conta bancária e verifico, marcando com um "x", os gastos debitados.

Seguindo esse processo, tenho muito mais controle sobre minhas despesas. Sinto um incentivo maior para ficar dentro do meu orçamento e não entrar no negativo entre pagamentos. Também me sinto bem ao abrir e fechar uma planilha todo mês. A maioria dos negócios abre e fecha sua contabilidade trimestralmente. Eu faço isso a cada duas semanas.

Para fazer o download de uma cópia da planilha citada, visite: www.TheSavvyLife.Com/books/downloads/savvyworkbook.xls.

Seja qual for o sistema, ele deve ser de fácil uso e atender às suas necessidades semana após semana, além de mostrar claramente quanto dinheiro você tem no momento e quais são suas despesas atuais.

Pagando suas contas

Uma das coisas mais importantes que você pode fazer para controlar as finanças é pagar as contas na data correta. Parece óbvio, mas você ficaria surpresa em saber quantas pessoas pagam suas contas com atraso. Elas pensam que "alguns dias de atraso não fazem diferença". Na verdade, fazem muita diferença. Agora que você tem um sistema para monitoramento e organização das suas finanças, deve ficar fácil pagar as contas antes dos respectivos vencimentos. Quais seriam outras alternativas para deixar as contas em dia?

Débitos automáticos ou pagamentos manuais

Todo credor ou prestador de serviços quer facilitar ao máximo a forma de receber dinheiro de você. Todos possuem um tipo de pagamento automático que transfere o dinheiro da sua conta bancária diretamente para a deles, sem que você precise se preocupar. Isso pode ser bom se você for uma pessoa distraída, ou se apenas procura monitorar a entrada e saída do dinheiro. Se isso tornar o pagamento de contas mais conveniente, é bem provável que você fique em dia com suas contas. Por outro lado, pode ser um mau negócio se você estiver com o dinheiro contado, pois sua conta pode estar descoberta no dia programado para o débito. Nesse caso, você acabaria pagando os juros bancários além dos juros do credor.

Minha amiga Jannette prefere pagar suas contas manualmente para ter certeza de pagá-las sem atraso. Eu já prefiro usar o pagamento eletrônico por meio da minha conta bancária. Kevin, por outro lado, gosta de preencher cheques para pagar seus boletos e, assim, ficar mensalmente ciente de todas as despesas. De vez em quando, analise se seu sistema de pagamento de contas está funcionando corretamente. Se não estiver, considere trocá-lo. Se estiver funcionando, continue com ele.

Se você usa o débito automático, precisa considerar o seguinte:

- A data de vencimento combina com a data do recebimento de seu salário?
- O débito automático está parcelando o pagamento da conta mensalmente? Isso pode estender o tempo de pagamento de uma dívida e custar muito mais por causa dos juros.
- Qual é a prática do credor em relação a fins de semana e feriados? O débito será feito um dia antes ou um dia depois?
- Se você autoriza o débito automático junto a vários credores, esses débitos são lançados no mesmo dia? Você normalmente tem fundos para cobrir tais débitos?

Usar o débito automático não significa parar de monitorar seus extratos. Empresas cometem erros, portanto, você precisa verificar seus extratos com frequência.

Se você paga contas com cheque ou de forma eletrônica:

- Observe com cuidado o tempo de compensação. Algumas transferências podem demorar até três dias.
- Certifique-se de preencher corretamente o envelope e o número da conta no cheque.

- Certifique-se de usar o envelope correto! Fique atenta a mudanças de procedimento.
- Se você paga por telefone, observe se não há uma taxa extra.

Data de vencimento

Toda conta possui a notificação de "vencimento". Já falamos sobre como é importante pagar nossas contas em dia. Você precisa pagar em dia para evitar encargos extras (em geral multa de 2% sobre o total), aumento dos juros (acima de 40%) e comentários negativos no seu relatório de crédito. Mas e se suas contas vencem no dia 8 e você só recebe o salário no dia 15? Se você não consegue guardar uma reserva para cobrir a diferença de tempo, entre em contato com seu credor e pergunte a ele se pode mudar a data de vencimento da conta. A maioria dos credores apenas deseja receber mensalmente e não se importa com a data exata de vencimento.

Você sabe dizer se tem condição de realizar mais do que um pagamento por mês? Uma das maneiras mais rápidas de quitar uma dívida é fazendo pagamentos múltiplos, mesmo pequenos. Se seus pagamentos forem eletrônicos, isso é fácil. Efetue o pagamento sempre que tiver um dinheiro extra. Se pagar suas contas pelo correio, precisa incluir uma cópia do canhoto do pagamento regular com todas as suas informações bancárias. Apenas se certifique de fazer o pagamento mensal mínimo antes de acrescentar quaisquer pagamentos extras, para evitar confusões ou juros.

Quitando suas dívidas

Há muitas filosofias diferentes sobre quitação de dívidas. Todas têm seu mérito. A coisa mais importante é escolher aquela que lhe proporcione a maior satisfação e lhe mantenha motivada. Há três abordagens básicas para o pagamento de dívidas múltiplas:

Pagamentos iguais

Você pode pegar o rendimento disponível, dividi-lo pelo número de parcelas a pagar e fazer pagamentos iguais para cada uma delas. Se tiver 400 reais disponíveis para pagar seus quatro cartões de crédito, você pode dividir 100 reais para cada um. Assim, será mais fácil monitorar e gerenciar essas dívidas. Você verá seu saldo devedor diminuir a cada mês. A desvantagem dessa abordagem é não considerar as taxas de juros, e pode ser que acabe gastando mais do que tem. Certifique-se de que o valor que você está pagando é pelo menos igual ao mínimo requerido.

Pague primeiro as contas com a maior taxa de juros

Nessa abordagem, você paga o mínimo requerido de todas as contas, **exceto** aquela com a maior taxa de juros. Você paga tudo que puder até que seja quitada, e depois parte para a segunda maior. Assim, agora você será capaz de fazer um pagamento maior, pois a primeira maior conta já foi quitada. Dependendo do saldo de sua conta, essa é normalmente a melhor maneira de minimizar a quantia de dinheiro gasta em juros.

Pague primeiro as contas com menor taxa de juros

Nessa abordagem, você paga o mínimo requerido de todas as contas, **exceto** aquela com a menor taxa de juros. Você paga tudo que puder até que ela seja quitada, e depois parte para a segunda menor. Assim, fica mais fácil pagar as contas maiores, pois agora sobrará o dinheiro das contas já pagas. A vantagem desse método de pagamento é ter *feedback* rápido e concreto. Além disso, sua satisfação aumenta a cada conta paga. Se você é do tipo que fica desencorajada com o aparente alto montante da dívida, esse é o melhor método a ser usado.

Bloqueie o desperdício

Mantenha suas finanças fluindo na medida do possível e fique atenta a desperdícios. Débitos automáticos para assinaturas diversas ou academias precisam ser monitorados. Ainda que convenientes, se você não está aproveitando os programas em que se inscreveu, então eles representam apenas um desperdício do seu dinheiro. Fique bem atenta ao que está automaticamente saindo de sua conta. Se você não frequenta a academia há alguns meses, disponha de alguns minutos para cancelar sua inscrição. Você sairá ganhando. Além disso, faça o que for necessário para evitar taxas por atraso. Há melhores maneiras de gastar seu dinheiro do que entregá-lo à locadora por ter atrasado a entrega de um filme.

Dinheiro vivo ou cartão de débito

Uma das maiores conveniências do final do século XX pode, ao mesmo tempo, ser um dos maiores males. O cartão de débito mudou drasticamente a maneira de conduzirmos nossos negócios pessoais. Muitas pessoas pararam completamente de pagar em dinheiro e agora usam um pequeno cartão plástico para comprar desde um cafezinho até móveis diversos. Há muitas boas razões para usar um cartão de crédito em vez de dinheiro vivo. Você não precisa se preocupar em carregar grandes somas em dinheiro, ou em ir ao banco antes de ir às compras. Você não precisa se preocupar com trocos, ou o que fazer com todas aquelas moedas. E ainda fica com o registro de cada uma das compras que faz.

Entretanto, existe um lado negativo em usar cartões de débito. A maioria das pessoas pensa duas vezes antes de usar um cartão de crédito, pois não quer pagar juros, a menos que seja extremamente necessário. Além disso, muitos estabelecimentos não aceitam cartões de crédito para compras pequenas. Todo mundo aceita cartões de débito e parece não haver qualquer desvantagem em usá-los no lugar do dinheiro vivo. O grande problema em usar cartões de débito em vez de dinheiro vivo é que a maioria das pessoas não percebe que está gastando. Quando você paga com cinco notas de 20 reais, fica ciente de estar entregando seu dinheirinho suado. Quando você entrega ao estabelecimento seu cartão de dinheiro mágico, o apego emocional não existe.

A diferença psicológica entre débito eletrônico e dinheiro vivo fica evidente em relação aos dispositivos eletrônicos para pagamento de pedágios ou estacionamentos. Muitos municípios chegaram à conclusão de que as pessoas que viajam para o trabalho e precisam abrir suas carteiras toda vez que atravessam uma ponte ou um pedágio sempre ficam incomodadas com o aumento da tarifa. Mas se estão usando o dispositivo eletrônico de pagamento, nem percebem o aumento do pedágio, pois a tarifa é automaticamente lançada na conta mensal. Elas não são obrigadas a se lembrar diariamente do dinheiro extra pago.

Se você tem o costume de usar dinheiro para pagar as compras em vez do cartão de débito, sempre está ciente de cada compra. Essa simples mudança de comportamento dará a você a oportunidade de refletir: "Esta compra realmente vale o dinheiro que vou gastar?". Tente fazer isso durante trinta dias e veja se você fica mais ciente sobre como gastar melhor seu dinheiro.

Vamos fazer um acordo

Falando em estar ciente sobre como gastar melhor nosso dinheiro, é muito importante prestar atenção em todas as suas despesas. Pelo menos uma vez a cada quinze dias, monitore suas contas e, se necessário, veja em quais áreas pode economizar. Ligue para sua administradora de cartão de crédito e tente diminuir a taxa de juros. Ligue para suas operadoras de TV a cabo e telefonia e tente negociar condições melhores. A maioria dessas empresas reconhece que é muito mais vantajoso manter o cliente atual do que atrair um novo. Com frequência, você pode conseguir um acordo melhor apenas pedindo. Nem vai precisar ameaçar mudar de operadora. Entretanto, é necessário pesquisar o mercado primeiro antes de ligar. Se você consegue mostrar ao representante de determinado serviço que o concorrente *certamente* oferece um negócio melhor, fica mais fácil barganhar. À primeira vista pode não parecer muito, mas somando tudo a economia fica evidente. Apenas se certifique de ler minuciosamente o contrato antes de efetuar qualquer mudança. Ofertas atraentes são ótimas, contanto que você não acabe presa a um contrato longo com taxas flutuantes.

Dê uma de difícil

Nos capítulos anteriores, sugerimos que você tivesse uma conta separada de modo que poupasse para seus objetivos financeiros, tais como férias ou *hobbies*. Lembre-se: esta é uma conta para economias no curto prazo, cuja intenção é a de guardar dinheiro para gastar com algo planejado para breve.

Uma conta poupança para emergência existe para guardar economias de modo que disponha do dinheiro em casos de emergência. Classificamos como emergência a perda do emprego ou um inesperado problema com o carro. Não se paga o conserto do carro com o cartão de crédito. Uma conta poupança que você utiliza com certa regularidade não é uma conta poupança. É uma conta-corrente comum!

Guarde suas economias de forma que estejam acessíveis para uma emergência, mas permita um pouco de dificuldade ao acesso. Se tal conta não estiver ligada ao sistema de caixa eletrônico, não será muito fácil para você utilizá-la em um momento de fraqueza. Ademais, estabeleça regras para a conta e decida antecipadamente o que caracteriza uma "emergência". Em caso de uma fraqueza de sua parte, peça a uma amiga confiável que a ajude a discernir. Informe-a, antes de mais nada, quais são as regras que você estabeleceu para a conta. Ao tentar decidir se você deve sacar dessa conta, acione sua amiga e deixe-a decidir, fundamentada nas suas regras, se a situação que se apresenta é mesmo uma emergência.

O poder dos juros compostos

Juros compostos são os juros pagos não apenas sobre o saldo principal (saldo inicial), mas também sobre os juros ganhos. É uma felicidade quando você é a favorecida. Mas é uma tristeza quando você tem de gastá-lo.

"A força mais poderosa do universo é a dos juros compostos."
Albert Einstein

O poder dos juros compostos (a parte boa)

Imagine que você consiga 2 mil reais de imposto a restituir e o invista em um fundo prefixado em 8%. No prazo de um ano, você obtém 160 reais de juros. Em doze anos, você espera obter 1.920 reais (160 reais × 12). Na realidade, você vai ganhar mais de 2.400 reais em juros (ou talvez mais, dependendo da frequência com que seu banco capitaliza os juros). Em dezoito anos, você dobrará seu investimento, *sem que precise depositar qualquer outro valor.*

O poder dos juros compostos (a parte ruim)

Vejamos agora o que acontece quando você tem de "pagar". Imagine que sua dívida com o cartão de crédito seja de 5 mil reais, a uma taxa de juros de 12%. Mensalmente você realiza o pagamento mínimo, que começa em 125 reais e vai caindo conforme as parcelas forem quitadas. Se você nunca gastar um único dólar sequer neste cartão de crédito, levará mais de dezoito anos para quitar sua dívida, e, quando isso ocorrer, terá pagado um total de 8.180 reais pela dívida inicial de 5 mil reais.

Porém, se você pagar um fixo de 125 reais até a quitação da dívida, você pode quitar os mesmos 5 mil reais em pouco mais de quatro anos, totalizando 6.400 reais. Por que a remuneração? Porque o emitente do cartão de crédito capitaliza sua dívida a cada mês (ou, em alguns casos, a cada dia). Isso significa que mensalmente o cartão calcula os juros sobre o saldo remanescente e os adiciona ao total devido. Quanto mais você demorar para quitar a dívida, mais vezes o cartão acrescerá juros ao saldo.

A tabela abaixo mostra o efeito dos juros compostos sobre dívidas e remunerações. A linha sólida mostra a quitação de uma linha de crédito de 5 mil reais, efetuando-se o pagamento mínimo mensal. A linha pontilhada mostra a quitação dos mesmos 5 mil reais com o pagamento fixo de 125 reais por mês. A linha com pontos e traços mostra os ganhos de um depósito em poupança de 2 mil reais com juros de 4% ao ano.

O efeito dos juros compostos sobre dívidas e poupanças

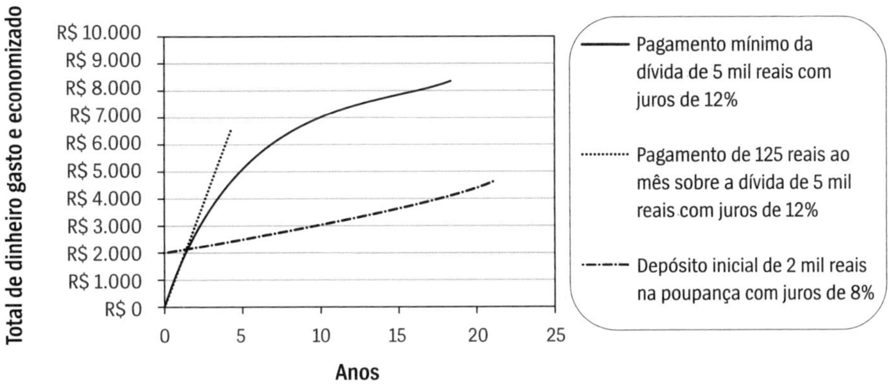

Use o poder dos juros compostos a seu favor. Quanto mais você economiza, mais os juros crescem. Na proporção inversa, quanto mais rapidamente você quita suas dívidas, menos juros você paga.

O cartão de crédito é totalmente do mal?

Há alguns consultores financeiros que afirmam que você deve abolir os cartões de créditos e literalmente picá-los, para nunca mais voltar a usá-los. Não é necessário chegar a esse extremo! Muitos recursos são úteis quando utilizados adequadamente, ou seja, com moderação. Sendo assim, como usar seus cartões de crédito com prudência?

1. **Veja-os como uma extensão do seu dinheiro, não como uma fada madrinha.**

Faça um cálculo dos seus gastos. Não importa se você usa dinheiro ou cartão, contanto que gaste o que realmente tem. Essa é a situação ideal. Decida quanto você pode gastar por mês e limite-se a isso.

2. **Liquide suas dívidas dentro de um prazo razoável.**

Se você efetua o pagamento total de seus cartões mensalmente, reduz o pagamento de juros. No entanto, se você estabelece uma quantia para fazer compras com o cartão de crédito e a paga no prazo de três meses, limitando-se ao seu orçamento, vai usar seu dinheiro com responsabilidade. O segredo é determinar qual será o custo total antes de realizar a compra. Isso inclui o valor da compra e as taxas de juros embutidas. Depois, você tem de determinar se isso cabe no seu orçamento e se realmente vale a pena considerando-se o custo total.

3. **Conclua a transação apenas se ela for de fato a melhor alternativa.**

Se não puder comprar em dinheiro vivo, reflita sobre o motivo da sua compra. Ademais, pergunte-se se você precisa mesmo fazer a compra agora em vez de economizar e considerar a existência de outras opções. A loja possui uma política de venda a prazo?

Quando é que vale comprar a crédito em vez de esperar até que você poupe o dinheiro para comprar à vista?

- Avalie se o item à venda tem um desconto significativo agora e não o terá quando você tiver a quantia em dinheiro. Certifique-se de incluir o custo dos juros, se for o caso, ao determinar se o preço de venda é bom o bastante para justificar a compra a prazo.
- Pense se a espera irá custar-lhe mais dinheiro. Por exemplo: você possui uma lava-louça (ou um refrigerador) que apresenta um vazamento que não pode ser consertado, e a espera até que você tenha dinheiro para comprar um novo equipamento à vista causa estragos cada vez maiores ao piso. Nesse caso, faz sentido comprar o eletrodoméstico novo a crédito.

4. **Estabeleça as regras e trate de obedecê-las.**

Ao impor limites sobre como usar seus cartões de crédito, eles estarão sob controle. Algumas sugestões:

- Escolha um dos cartões como o principal, com um limite de crédito que você possa gerenciar.
- Não use o cartão uma segunda vez até que tenha quitado o boleto anterior.
- Sempre efetue os pagamentos antes da data de vencimento. Isso garante que você não incorra em uma taxa por atraso, e ainda permite que aumente seu crédito. Pague com atraso e seu crédito sofrerá um impacto negativo, afetando futuras possibilidades para conseguir um empréstimo quando realmente estiver precisando.

Se considerar suas compras a prazo como uma espécie de "tribunal de última instância", somente fazendo-as quando estritamente necessárias, e calculando, com absoluta honestidade, o custo total de todas elas, você vai fazê-las com responsabilidade.

Se você frequentemente travou batalhas com as dívidas de cartões de crédito no passado e sabe que essa é uma fraqueza sua, a melhor alternativa é ficar longe das compras e dos cartões.

Regras práticas sobre finanças

Pode ser difícil tomar decisões financeiras importantes. Há o medo de cometer um erro e ter de encarar as consequências no longo prazo.

Gregory Karp, reconhecido consultor financeiro, publicou excelentes regras práticas sobre finanças no jornal *The Morning Call*, em 2010. Com a devida permissão do autor, sentimo-nos honrados em citar trechos do seguinte artigo:

Obedeça às regras práticas das finanças para prosperar
Gregory Karp
The Morning Call (Allentown, Pa.) (MCT)

Regras práticas sobre dinheiro podem não ser exatas, pois a vida financeira difere muito de pessoa para pessoa. No entanto, podem nos ajudar a tomar decisões difíceis ou nos fornecer dicas. Eis algumas:

Regra dos 10: Na perspectiva de grandes compras, pense como você irá se sentir a respeito em 10 dias, em 10 semanas e em 10 anos. Para um carro de luxo: em 10 dias, você vai estar encantado com o cheirinho de carro novo e com o silêncio do motor. Em 10 semanas, ele será apenas a máquina para levá-la ao trabalho e ao supermercado. Em 10 anos, você raramente vai pensar no carro.

Pagamento da casa: Sua prestação, com a inclusão de taxas e seguros, não deve ultrapassar 29% de seus rendimentos mensais brutos.

Pagamento do carro: Todas as prestações do veículo não devem exceder 15% da sua renda líquida.

Dívida total: Os pagamentos de suas dívidas mensais não devem exceder 36% dos seus recebimentos brutos mensais.

Conserto do carro: Se o conserto do carro custa menos do que a metade do sinal dado no ato da compra, mande consertá-lo. Caso contrário, considere vendê-lo e comprar outro.

Férias: Não gaste mais do que 1,5% de seus rendimentos brutos nas férias, o que inclui presentes e viagens.

Fundo para emergência: Mantenha um fundo para emergências. Um bom cálculo é o que você gasta com as despesas regulares de três a seis meses.

Pagamento de dívidas: Priorize o pagamento das dívidas cujos juros sejam os maiores; depois, as que têm juros menores. Ou as quantias menores às maiores.

Empréstimo para o pagamento da faculdade: Não tome empréstimo superior ao que você ganhará em seu primeiro ano de trabalho após a formatura.

Escolha as experiências: Quando tiver de escolher entre gastar para comprar coisas ou passar por experiências com outras pessoas, fique com as experiências. As pesquisas indicam que novas experiências resultam em mais felicidade.

Nunca:

- Empreste dinheiro a amigos e familiares.
- Tome dinheiro de seu fundo de aposentadoria ou comece a recebê-lo antes do prazo. Pague as contas com o que tiver em sua conta-corrente.
- Compre uma garantia estendida.
- Faça um investimento que você não entenda.

Este capítulo inclui algumas das minhas dicas favoritas e das de Kevin para o gerenciamento das finanças; são dicas que nós mesmos usamos ou que funcionaram bem com nossos familiares e amigos. Qualquer que seja sua opção quanto ao gerenciamento das finanças, opte sempre pela que seja mais simples. Crie seu sistema e mantenha-se nele. Seu objetivo é o de gerenciar seu dinheiro em vez de permitir que ele gerencie você.

10 ótimas sugestões sobre dinheiro

1. Crie um espaço agradável em sua casa para pagar suas contas e gerenciar suas finanças. Faça com que o espaço seja o mais convidativo possível, de forma que você realmente queira passar um bom tempo por lá.
2. Informe-se sobre todas as deduções possíveis na declaração de imposto de renda. Assim você poderá guardar comprovantes ao logo do ano e usá-los no preenchimento do formulário da Receita Federal na ocasião em que for prestar contas ao Leão.

3. Ao carregar dinheiro vivo com você, prefira notas de 10 reais. Use-as quando comer fora de casa, for ao cinema ou comprar objetos pequenos de pouca importância. Quando esse dinheiro acabar, você terá de esperar até seu próximo salário para reabastecer-se. Ajuda muito separar o dinheiro para as pequenas despesas diárias do dinheiro necessário para pagar as verdadeiras contas. Isso evita gastos desnecessários.
4. Respeite seu dinheiro. Mantenha sua carteira organizada.
5. Mantenha-se atualizado por meio de cursos. Frequente aulas que ensinem estratégias de investimento e aposentadoria.
6. Comece a ler pelos menos duas revistas sobre finanças por mês.
7. Sua postura quanto ao gerenciamento das finanças vai causar impacto diretamente na sua boa disposição. Alegre-se por controlar suas finanças e tenha em mente que todas as diferentes formas vão causar impacto de maneira positiva sua vida inteira.
8. Encontre um mentor (um conselheiro ou uma pessoa que o inspire). Se você conhecer alguém cuja vida seja equilibrada, abrace suas ideias.
9. Lembre-se de manter a simplicidade em suas finanças. O gerenciamento de suas finanças deve estar no topo de sua rotina. Assim, vinte minutos por dia são suficientes para o pagamento das contas e a observação de todos os seus investimentos em vigência.
10. Não fique constrangida com o estado de suas finanças. Isso pode paralisá-la. Se você não está feliz com suas finanças, aja! Comece a se organizar e crie um plano de ação. Mesmo que tenha de prosseguir a passos lentos, o importante é que esteja caminhando para seu objetivo.

Capítulo 12

O que é mais importante para você?

Este livro trata de escolhas e de economizar em coisas que não são tão importantes para você, para que você possa gastar com as que são.

Você pode estar aparentemente ciente do que é mais importante para você. Pode ter o objetivo de focar seus gastos em benefício da sua casa, das férias dos seus sonhos ou em algo mais simples como atualizar seu guarda-roupa. Como você já aprendeu, definir esses objetivos e colocá-los no papel irá ajudá-la a alcançá-los mais rapidamente. Mas já parou para analisar sua vida como um todo e como gostaria de vivê-la? E depois planejou seus gastos para alcançar esse objetivo?

Esse tipo de pensamento e planejamento permitem que você viva com mais propósito. Em vez de seguir a maré, você toma controle de sua vida e a direciona de acordo com seus objetivos. Certamente, você quer ser flexível e permitir momentos inesperados, mas ter um propósito em mente para sua vida e saber como alcançá-lo é algo extremamente gratificante.

Minha amiga Jessica, de quem falei no capítulo sobre guarda-roupa, é um excelente exemplo de como planejar a própria vida. A maneira como ela se veste, o lugar onde vive e o que faz com seu tempo livre são exemplos de suas decisões conscientes. Ela decide no que é mais importante gastar seu dinheiro e onde deve focar suas economias.

Minha equilibrada amiga Carla A. também é muito focada em seu propósito de vida. Todas as suas escolhas — onde trabalha, o que compra e para onde viaja nas férias — são feitas de acordo com seus objetivos.

Todos somos diferentes e temos diferentes sonhos. Não há uma fórmula idêntica para todos e isso é algo maravilhoso. A vida é sua para criar e fazer o que bem entender. Criamos um questionário para ajudá-la a avaliar sua vida atual e traçar seus objetivos tendo por base o ponto em que você está agora e onde quer estar no futuro.

Comece com os objetivos definidos

Uma maneira poderosa de alcançar a vida que você gostaria de ter é começar com os objetivos definidos. As primeiras perguntas do questionário focam na ideia de que o fator dinheiro não representa um obstáculo. Com frequência, sem perceber, atribuímos limitações aos nossos sonhos. Pense séria e honestamente sobre a vida que você gostaria de ter sem se preocupar com o fator dinheiro.

Em seguida, parta para as perguntas restantes. Você pode, até mesmo, perceber que está feliz com sua vida atual. Ou pode, ainda, decidir que quer mudá-la drasticamente. Independentemente disso, as primeiras perguntas farão com que comece a pensar nessas possibilidades. Permita-se pensar grande!

Se o fator dinheiro não fosse um obstáculo:

- Como seria seu estilo de vida hoje? Onde gostaria de morar?
- Para onde gostaria de viajar nas suas férias?
- Onde e o que gostaria de comer?
- Que roupas gostaria de vestir?
- Onde gostaria de trabalhar?
- Quantas horas por dia gostaria de trabalhar?
- O que faria com seu tempo ocioso?
- Como gostaria de estar daqui dez anos?

Agora que você está focada e sem barreiras é hora de examinar as áreas da sua vida que abordamos nos últimos seis capítulos.

Moradia

- Você está feliz onde mora?
- Do que você gosta na sua casa?
- Quais são suas frustrações com sua casa?
- Como gostaria que sua casa ficasse daqui um ano? Você tem algum "objetivo principal" em relação a sua casa?
- O que você pode fazer para tornar sua casa mais agradável?
- Você gostaria de se mudar? Se for esse o caso, para onde gostaria de ir?

Diversão

- O que você gosta de fazer com seu tempo livre?
- Quanto tempo você passa fazendo as coisas de que gosta?
- Qual sua maneira ideal de passar uma tarde?
- Qual sua maneira ideal de passar um fim de semana?
- Se você não está passando seus fins de semana como gostaria, qual é o motivo?
- O que você não está fazendo agora que realmente gostaria de fazer? Por que não está fazendo?
- Quando você está com seus amigos, o que normalmente fazem? Você gosta dessas atividades?
- Para onde você gostaria de ir nas suas férias no ano que vem?
- Qual sua maneira ideal de passar férias longas?
- Qual seu principal objetivo de viagem ou lazer?

Vestuário e beleza

- Você se veste como gostaria?
- Seu cabelo, sua pele e maquiagem estão da maneira que você gostaria?
- Você está feliz com sua aparência?
- Das roupas atualmente em seu guarda-roupa, quais são aquelas que você normalmente veste?
- Qual sua frustração em relação ao seu guarda-roupa?

- Qual sua frustração em relação ao seu cabelo e sua maquiagem?
- Você gostaria de se vestir como alguma celebridade? Se for esse o caso, o que você gosta em relação ao estilo dela?
- Se você tivesse uma consultora de estilo para cabelo, maquiagem e guarda--roupa, o que diria a ela?
- Se você pudesse ir a uma clínica de estética regularmente, que tratamento faria?
- Você tem algum objetivo principal em relação à sua aparência?

Alimentação

- Você cozinha em casa?
- Gosta de cozinhar?
- Com que frequência janta fora?
- Que restaurante frequenta?
- Que restaurante gostaria de frequentar?
- Se não gosta de cozinhar, qual é o motivo?
- Você quer melhorar suas qualidades culinárias? Se for esse o caso, como gostaria de fazê-lo: fazendo um curso ou aprendendo com um membro da família?
- Gosta de apreciar comidas diversas? Sente prazer em experimentá-las e saboreá-las, ou é apenas uma necessidade para manter seu corpo?
- Se tivesse uma cozinheira pessoal, como seriam suas refeições?
- Você está satisfeita com seus hábitos alimentares? Por exemplo: senta-se à mesa e desfruta de sua comida ou come rapidamente enquanto se dirige para o próximo compromisso?
- Se você se sente infeliz com seus hábitos alimentares, o que pode fazer para mudá-los imediatamente?
- Você tem algum objetivo principal em relação às refeições?

As próximas perguntas aprofundam-se um pouco mais com intuito de ajudá-la a lapidar suas habilidades de equilibrar as finanças.

Dinheiro

- Você monitora seus gastos?
- Você tem algum sistema, ou alguma rotina, para pagar as contas?
- Se lhe perguntassem, você saberia dizer quanto ganha?
- Você gasta menos do que ganha?
- Você deposita regularmente algum dinheiro em uma conta poupança para casos de emergência e em uma previdência privada?
- Você gosta de ganhar dinheiro ou apenas o faz por necessidade?
- Você gosta da sua profissão? Se não for esse o caso, o que preferiria fazer?
- O que pode fazer para que isso aconteça?
- Você gosta de obter descontos ou prefere comprar as coisas de que precisa e pronto?
- Qual seu objetivo financeiro para daqui um ano?
- Qual seu objetivo financeiro principal?

Avaliar — Planejar — Implementar

Agora que você completou o questionário, é hora de avaliar sua situação e elaborar um plano para proporcionar a vida que almeja. As próximas etapas irão guiá-la.

1. Volte e releia suas respostas.
2. Avalie em que áreas está feliz e em quais está frustrada.
3. Procure encontrar maneiras simples para melhorar seu estilo de vida imediatamente e coloque-as em prática.
4. Procure áreas que deseja melhorar, mas precisa de mais tempo, dinheiro ou esforço para fazê-lo.
5. Defina os objetivos de longo prazo e crie pequenas etapas para alcançá-los.
6. Determine um prazo pessoal para cada passo e cumpra-o.

Toda vez que você responde a uma pergunta com "não posso fazer isso", pare e responda "por que não?". Faça isso sete vezes. Na sétima vez, você deve ser capaz de identificar o verdadeiro obstáculo e de encontrar uma solução para alcançar seu objetivo, ou redefini-lo em algo mais possível.

Embora possa levar algum tempo, essa prática é uma das mais poderosas ferramentas para conduzi-la à vida almejada. Se você ainda não respondeu o questionário, PARE AGORA A LEITURA! Volte e comece a realmente pensar sobre sua vida e nas coisas que são importantes para você. Para fazer o *download* de uma cópia do questionário, visite: www.TheSavvyLife,ComlbooksIdownloads/savvyquestionnaire.pdf

Se você decidiu mudar radicalmente sua vida, pode ser perigoso. Uma decisão como essa pode causar frustração, fazendo com que desista de tudo. No mundo *fitness* e da nutrição, chamamos essa situação de "colocar tudo a perder". Não coloque tudo a perder! Você tem o poder de alcançar seus objetivos!

Na escola em que aprendi kung fu, havia um escrito famoso escrito em uma das paredes que mudou a minha maneira de ver meus objetivos:

"Uma longa jornada começa com um simples passo."
Lao-Tsé

- Com um passo por vez, terminei minhas primeiras aulas de kung fu.
- Com um passo por vez, obtive minha primeira faixa.
- Com um passo por vez, fiz minha primeira luta no treino.
- Com um passo por vez, obtive minha primeira faixa preta.
- Com um passo por vez, obtive minha segunda faixa preta.
- Com um passo por vez, estou buscando minha terceira faixa preta.

Essa mesma filosofia se aplica a tudo mais. Divida seu objetivo em pequenas partes e vá em direção a ele um passo por vez.

Transforme em hábito o fato de rever suas respostas do questionário a cada três meses. Entre as estações do ano é uma boa hora de se fazer isso. Releia suas respostas e veja como progrediu. Parabenize-se pelos objetivos alcançados.

Em relação àqueles que você não alcançou, pare para pensar por que ainda não foi capaz de fazê-lo. Talvez tenha de dividir esses objetivos em partes ainda menores. Por exemplo, se o objetivo é melhorar a qualidade de vida fazendo todas as suas refeições à mesa, você pode querer começar fazendo, pelo menos, duas refeições por semana. Uma vez que tenha feito isso durante algumas semanas, aumente seu objetivo para três noites por semana, e assim por diante.

Certamente, seus objetivos irão evoluir. Você terá alcançado muitas das suas aspirações e, com isso, sua perspectiva irá mudar. Ao longo do tempo, esteja disposta a revisar suas respostas para que elas se ajustem às suas aspirações atuais. Esse tipo de crescimento é o sinal de se viver com propósito.

Parabéns!! Você agora é dona da própria vida.

Capítulo 13

Comprando de maneira equilibrada

Comprar de maneira equilibrada não significa apenas conseguir um bom preço. Significa saber escolher com que gastar seu dinheiro. Significa planejar, premeditar e intuir. Significa estar disposta a "pensar com calma" e a não comprar itens que não sirvam para você.

Comprar de maneira equilibrada é uma habilidade. Leva tempo, mas pode facilmente ser aprendida e dominada. É aqui que a filosofia da vida financeira inteligente realmente se aplica: economize dinheiro em coisas que não são tão importantes para você para que possa gastar em coisas que são.

As ferramentas, os hábitos e as ideias que se seguem irão ajudá-la a aproveitar com mais qualidade e eficiência o ato de comprar.

Caderno de gastos

No capítulo 6, apresentamos a ideia do caderno de gastos. Trata-se de um pequeno caderno de anotações que deve estar sempre com você. Nele, você anota os itens que quer comprar e que estão fora dos seus hábitos normais de compra (exemplo: alimentos). Você pode listar as roupas específicas que quer adicionar ao seu guarda-roupa. Pode criar uma lista dos livros e filmes que quer comprar. Pode incluir as toalhas de que precisa ou o abajur que quer para seu quarto.

A ideia do caderno de gastos é usá-lo como uma ferramenta a fim de focar seus recursos em algo que realmente queira. Ao acrescentar um item ao caderno, você cria uma intenção, decidindo que ele é muito importante e, portanto, deve ser adquirido. Logo, isso se tornará um hábito e você entrará em uma loja somente para comprar os itens que estão na sua lista. No entanto, lembre-se de estar aberta a descobertas. Se, ao entrar em uma loja, você se apaixona de verdade por um item que não faz parte de sua lista e entende ser aquele um "caso de amor", verifique seu orçamento e, caso haja dinheiro disponível, trate de comprá-lo! No caso de impossibilidade, acrescente-o à lista e comece a economizar para comprá-lo.

Nem sempre é possível comprar de imediato alguns dos itens da sua lista de desejos. Tudo bem! Por fazerem parte da sua lista, você vai sempre tentar economizar em outras coisas para que possa comprar os itens tão desejados.

A cada semana, ao ler os anúncios de liquidações de suas lojas favoritas, consulte o caderno para ver se algum dos itens desejados está em promoção. Depois de reformarmos nossa casa, mantive, no meu caderno, uma longa lista de itens. Semanalmente, dava uma olhada nas lojas e procurava os itens que estavam em minha lista. Se o preço estivesse bom, saía para comprá-lo. Com paciência e observando o tempo gasto em compras, consegui poupar de 20% a 50% nos itens dos quais precisava e os quais queria.

O hábito de ler o caderno de gastos antes de entrar em uma loja vai lhe ajudar a manter-se focada. É fácil distrair-se. As lojas investem milhões de reais em propaganda e vitrines para fazer com que o público gaste. Certifique-se de que está gastando naquilo que realmente deseja. O caderno de gastos será de grande ajuda!

Apaixone-se

Compre apenas aquilo que lhe agrada. Você ficará surpresa com quanto essa simples prática vai modificar o que você traz para casa e o tanto de dinheiro que vai economizar. Somente comprando aquilo de que gosta você conseguirá os recursos para esses itens, mesmo que sejam mais caros do que aquilo que você normalmente compra, e tudo pelo simples fato de não mais gastar dinheiro com itens que não valem a pena levar para casa.

Antes de dirigir-se ao caixa, dê uma boa olhada no que está levando e veja se é possível cortar alguma coisa. A cada item, pergunte a si mesma:

- Preciso disso?
- Realmente vou usá-lo?
- Gosto disso?

Se a resposta for não, então o devolva à prateleira. Se você já estiver no caixa, e seu sexto sentido lhe disser para não comprar o item, diga à funcionária que mudou de ideia e que não vai mais levá-lo. Não há do que se envergonhar. Muita gente faz isso e é um direito seu. Você mostra controle sobre o que está comprando e levando para sua casa. Parabéns!

Você pode incorporar esse hábito quando for ao supermercado. Olhe para o carrinho, procure os itens pegos por impulso e pense se realmente quer comprá-los. Os itens pegos por impulso, como bebidas e petiscos, podem aumentar 20% ou mais o total da sua conta.

Outra tática é pensar com calma sobre determinado item. Espere pelo menos 24 horas antes de comprar o tal item. Se, no dia seguinte, você ainda estiver pensando a respeito, é porque vale a pena comprá-lo.

Planeje, planeje, planeje!

O planejamento é outra poderosa ferramenta para se comprar de maneira equilibrada. Quantas vezes você teve de gastar mais do que pretendia em determinado presente porque esperou até o último minuto para adquiri-lo? Pior ainda: quantas vezes você teve de gastar mais do que pretendia em um presente sobre o qual não estava entusiasmada porque não se permitiu mais tempo para procurar outro melhor? Um pouco de antecipação e planejamento vão lhe dar controle sobre compras não rotineiras, ajudando-a a reduzir gastos inesperados.

O planejamento também lhe permite uma espécie de diversão. Permite que você procure e encontre exatamente o que quer e de que precisa. O planejamento também lhe dá a oportunidade de pesquisar o melhor preço ou esperar até que esteja em promoção. Você pode economizar até que consiga comprar exatamente o que quer em vez de conformar-se com o que pode comprar no momento. Esperar até o último minuto pode fazer com que você pague muito mais e tenha de se contentar em comprar menos do que o pretendido.

No início de cada mês, observe o calendário do mês vigente e do seguinte. Há eventos para os quais você tenha de comprar alguma coisa?

- Você vai precisar de um novo edredom para os meses de inverno?
- Vai precisar de um vestido para algum casamento?
- Vai precisar de uma roupa de banho para as férias no Nordeste?

Se a resposta for afirmativa, comece as compras agora! É fácil e conveniente adotar esse hábito. Não espere até o último minuto. Lembre-se: esse tipo de planejamento lhe dá o tempo necessário para achar o que quer e geralmente a um preço bem acessível. Também reduz bastante o estresse associado à correria para achar as coisas de que precisa no último minuto.

Presenteando

Assim como os chamados gastos sociais, presentear uma pessoa pode se transformar em algo surpreendentemente destruidor. O planejamento é seu maior aliado. Verifique o calendário com pelo menos dois meses de antecedência aos eventos futuros, como casamentos, aniversários e feriados. Acrescente o nome do(a) presenteado(a) ao caderno de gastos para chamar a atenção quanto aos presentes.

Com um planejamento antecipado, você pode encontrar muitas coisas em liquidação. Melhor ainda: pode encontrar o presente "perfeito" em vez de se contentar com algo inferior.

Importante: Ao planejar, você terá a oportunidade de economizar um bom dinheiro com presentes. Não caia na seguinte armadilha: "Gastei apenas 10 reais naquele livro para o meu irmão. Tenho de comprar mais alguma coisa para ele". Seu irmão não sabe que você gastou apenas 10 reais para comprar aquele livro maravilhoso que ele tanto queria. Tenha em mente que dar presentes não deve ter nada a ver com a quantia que você gasta. O que importa é o carinho e a intenção com os quais o presente é escolhido.

Investir ou ir atrás de promoções?

Fazer compras significa tomar decisões constantes. Uma das maiores decisões a serem tomadas é entre investir ou comprar um item em promoção. Essa é uma decisão pessoal, pois as coisas que são importantes para você e valem o investimento podem não ser importantes para outras pessoas.

Então, no que investir?

- Guarda-roupa clássico — Estou disposta a gastar mais dinheiro em peças clássicas porque sei que as usarei regularmente. Também, por serem independentes da moda, serei capaz de usá-las durante anos. Quero fazer com que durem.
- Mobília — Pretendo gastar mais em mobília, porque irei usufruir dela todos os dias. Quero ter certeza de que todos os itens sejam de boa qualidade e que durem o maior tempo possível. Também, uma vez que vou usá-los por muito tempo, quero comprar apenas os itens dos quais realmente gosto e não ser seduzida por itens baratos de que não gosto.
- Férias — Estou disposta a gastar mais em férias porque são experiências de vida únicas e quero aproveitá-las. Vou falar um pouco mais sobre esse assunto, porque as férias são importantes para minha família e para mim.

Não é porque estou disposta a investir nos itens acima que vou deixar de buscar os melhores preços ou esperar por uma boa oferta.

Por que procurar promoções?

- Roupas na moda — Raramente compro roupas na moda, mas se há alguma peça de que eu goste, tentarei encontrá-la com o melhor preço possível. Sei que poderei usá-la apenas por alguns meses, portanto procuro reduzir ao máximo o preço por peça.
- Produtos alimentícios — Estou disposta a investir em produtos de qualidade e sou capaz de barganhar por quase tudo que levo para casa. Quando compro produtos industrializados, pesquiso pelos menores preços. Além

disso, como discutido no capítulo 10, planejo nossas refeições de acordo com as ofertas da semana. A área de produtos alimentícios é a mais fácil de se economizar dinheiro

- Livros e filmes — Os livros são uma comodidade muito importante e precisamos investir neles. Quando quero realmente ler um livro e sei que não estará em oferta por um bom tempo, compro pelo preço atual. Se for um livro que não preciso ler imediatamente, vou adicioná-lo à lista de possíveis gastos e procurá-lo em outras lojas ou em sebos. Faço o mesmo processo com filmes que quero adicionar à nossa coleção de vídeos.

O objetivo principal é investir em coisas que possuam durabilidade maior do que apenas alguns anos ou que tenham algum valor sentimental.

Uma observação final sobre investir ou comprar em liquidações: compre o que você quiser, não o que pode pagar no momento. Esteja disposta a esperar pelo momento certo. Não compre um item barato porque não está disposta a economizar para comprar o item que você realmente quer. Com frequência, a longo prazo, é muito mais caro comprar o item mais barato, ou porque ele é inferior, ou porque você não terá a satisfação que o item mais caro lhe daria. Mais tarde, sem essa satisfação, você também acabará comprando o item mais caro, fazendo com que gaste ainda mais.

Devoluções

Não tenha vergonha de devolver um item. Como consumidora, é seu direito devolver uma mercadoria, contanto, é claro, que aja de acordo com a política de devolução da loja. Apenas se certifique de devolver a mercadoria. Vale a pena gastar uns cinco ou dez minutos para reaver seu dinheiro ou trocar o item por algo que realmente queira.

Se em seu armário houver uma pilha de roupas com as etiquetas devidamente no lugar, então você precisa mudar sua forma de comprar. Se você tiver dúvidas se determinado item vai ficar bem em você, então é melhor deixá-lo na loja.

O poder da previsão

Qual foi a primeira vez em que se sentiu motivada a comprar determinada coisa? Qual foi a última vez que comprou algo que a deixou feliz durante horas, dias ou mesmo semanas?

Como mulheres adultas, e caso tenhamos o dinheiro para tal, podemos comprar tudo o que quisermos e quando quisermos. Um triste subproduto desse tipo de consumismo é a falta de previsão. Atualmente, você não espera para comprar. Simplesmente compra no cartão de crédito. Em vez de se divertir com a expectativa, acaba sofrendo à espera do boleto do cartão de crédito.

Mesmo que tenha o dinheiro para comprar um item à vista, considere esperar um pouco antes de comprá-lo. Fazendo isso, você ganha tempo para pensar a respeito. Depois de um dia, ou de uma semana, se ainda estiver pensando a respeito, tudo indica que a compra vai lhe fazer feliz. Se, porém, depois desse prazo você tiver se esquecido, então terá economizado dinheiro e espaço! Esse é um recurso fácil e útil para garantir que você compre somente aquilo de que gosta para sua casa.

A previsão como forma de frear compras por impulso é uma maneira agradável para acabar de vez com esse hábito tão perigoso. As compras por impulso (ou por compulsão) fazem com que você desvie o foco dos objetivos financeiros que impôs a si mesma, seja passar as férias na França ou juntar certa quantia para sua conta poupança de emergência. A previsão como recurso vai manter-lhe focada em gastar dinheiro apenas naquilo que realmente deseja.

A espera pela compra de um determinado item vai promover mais emoção. Você vai valorizá-lo muito mais do que qualquer coisa comprada por capricho.

Preste atenção ao ambiente

Como já mencionamos, os anunciantes investem milhões de reais para imaginar o que fazer para que as pessoas comprem. Alguns truques são tão sutis quanto, por exemplo, os dos restaurantes de *fast food*, que colocam a cozinha bem perto da rua para que os pedestres sintam fome. Não os condene por tentar. É o trabalho deles. Apenas fique ciente do que eles estão fazendo. Quando vir algo que deseja comprar, olhe ao redor e pense se sua vontade não está, na verdade, relacionada ao local em que se encontra. Esse é um fator importante quando você está em férias ou em bazares de caridade e feiras. O espartilho gracioso e a blusa de camponesa são peças excelentes que podem ser arrematadas em um "Festival Renascentista", mas, quando você voltar para casa, perceberá que não há lugar algum em que possa usar tais peças!

Tudo faz parte de um processo

Como dissemos no início deste capítulo, comprar de maneira equilibrada é uma habilidade. Leva tempo, mas pode ser aprendida e dominada. Procure sinais que lhe digam como você está se saindo. Se saiu para comprar roupas no fim de semana passado, e as sacolas ainda estão sobre o sofá da sala, intocadas, é bem provável que não estava apaixonada pelo que comprou. Se estivesse, teria voltado para casa de imediato e pendurado as peças no armário ou, até mesmo, usado algumas ou todas. Não desista! Pouco a pouco, você vai dominar a arte de comprar de maneira equilibrada!

Capítulo 14

A essência de uma vida equilibrada

A beleza deste livro é que a base desse conceito exige apenas uma única regra, uma filosofia e seis hábitos. Este capítulo resume e reforça a essência de um estilo de vida equilibrado.

Regra única

A regra de ouro, e a única forma de obtenção de sucesso financeiro, é gastar menos do que você ganha. Direcionar o dinheiro para algum tipo de aposentadoria e conta poupança de emergência é a chave para seguir essa regra de ouro sem dificuldades.

- Estabeleça seu objetivo máximo – Sugerimos 20% da renda obtida no decorrer do tempo: 15% em uma conta de aposentadoria e 5% em uma conta poupança de emergência.
- Não subestime – Comece a poupar com um pequeno objetivo e lentamente procure atingir o objetivo máximo. Não há problema se levar vários anos para chegar aos 20%.
- Economize! – Deposite suas economias em uma conta de emergência de difícil acesso e defina com antecedência o que pode ser uma emergência de verdade.

Filosofia única

A filosofia da vida financeira inteligente é poupar em coisas que não são importantes para que você tenha condições de gastar em coisas que são importantes para você.

Incorpore isso em seu processo de pensamento. A cada compra, seja de roupas ou alimentos, decida a importância do item para você e se quer mesmo gastar o dinheiro ou economizá-lo.

Seja flexível. Se moda é uma das coisas mais importantes para você, isso não significa que tem de gastar cada centavo com isso, sendo exageradamente frugal em todas as outras áreas. É mais do que provável que você irá gastar e economizar em vários itens dentro de cada área específica.

A filosofia da vida financeira inteligente tem a ver com fazer seu dinheiro valer de forma a gastá-lo em coisas que lhe dão prazer e fazem você feliz *versus* o consumo desmedido.

Seis hábitos

Hábitos e rotinas permitem a administração das suas finanças de maneira bem-sucedida. Reveja aqui os seis hábitos financeiros inteligentes:

Pague a você mesmo primeiro. Deduza o dinheiro do seu salário automaticamente, depositando-o em uma conta de aposentadoria e em um fundo de emergência. Esse é o hábito que facilita a ação de gastar menos do que se ganha.

Rastreie seus gastos. A única forma de verdadeiramente saber em que patamar financeiro você está é rastreando seus gastos e fazendo um balanço de sua conta regularmente, o que levará apenas alguns minutos e você saberá exatamente como está sua situação.

Pague todas as suas contas no dia em que receber o pagamento. Pagar as contas no dia do pagamento garante que o dinheiro esteja disponível. O dia do pagamento é também um ótimo momento para encher o tanque do carro e fazer compras de mercado. Assim você fica sabendo exatamente quanta renda arbitrária tem a cada recebimento de salário para gastar como quiser.

Estabeleça metas financeiras. Seja com a casa, com as férias ou com um carro novo, tenha as metas definidas. Esse processo irá ajudá-la a manter o foco, atingindo as metas de uma forma bem mais rápida do que apenas desejando realizá-las. É bem mais fácil realizar seus sonhos quando as metas estão claramente definidas.

Saiba quando investir e quando comprar em liquidações. Antes de comprar, pense sobre a necessidade que tem do produto e quanto tempo quer que ele dure. Depois decida se é o momento de investir ou de comprar.

Gaste com coisas que você quer. Um hábito essencial para uma pessoa equilibrada acontece quando você se aproxima da caixa registradora. Examine cuidadosamente sua cesta e certifique-se de que os itens que estão lá são coisas que de fato pretendia comprar e que realmente quer. Se há coisas que parecem ter pulado na sua cesta, volte e devolva-as. Mantenha o foco e gaste somente com coisas que você realmente queira.

Uma única regra, uma filosofia e seis hábitos são tudo de que se precisa para adotar um estilo de vida equilibrado bem-sucedido. Em semanas, se não dias, tudo isso passará a fazer parte da sua rotina sem quaisquer dificuldades.

Capítulo 15

Dicas para manter a motivação

Voltando à analogia da dieta, ficar motivada é a parte mais difícil de qualquer mudança no estilo de vida. A boa notícia é que após um período curto de tempo, a filosofia, os hábitos e as rotinas apresentadas neste livro irão se tornar caráter secundário. Além disso, conforme vir pequenos sucessos, você se sentirá inspirada aos últimos objetivos do equilíbrio. Nesse meio tempo, temos algumas sugestões para mantê-la motivada.

Fique de olho no prêmio

Muitas de nós somos muito mais bem-sucedidas quando estabelecemos um objetivo que nos motive. Um bom exemplo é o de perder aqueles últimos quase dois quilos e meio para seu casamento.

Você tem um objetivo que almeja alcançar? Digamos que queira viajar para a Itália. É algo com que sonha há anos, mas que ainda não conseguiu materializar. Você **pode** conseguir isso!

Comece a pesquisar para essa viagem imediatamente:

- Decida em que época do ano deseja ir, o que quer conhecer e quanto tempo quer ficar.
- Informe-se sobre os preços dos voos, hotéis e parte terrestre.
- Pesquise o máximo possível para que tenha uma ideia clara do que pretende fazer.

O próximo passo é criar imagens que lhe mantenham focada. Comece colocando recados com a palavra "Itália" junto aos seus cartões de crédito e de débito. Sempre que puxar um cartão ao fazer compras, verá o recado e vai se lembrar do grande objetivo. Por esse processo, você vai começar a ficar um pouco mais seletiva sobre a forma como usa seus cartões.

Em seguida, procure algumas fotos dos lugares que deseja visitar na Itália e coloque-as perto do computador e na porta da geladeira, ou seja, em lugares que vê com regularidade. As fotos são altamente motivadoras.

Por fim, como já salientamos, abra uma conta específica para a viagem. Uma conta dedicada a essas férias vai garantir que o dinheiro não seja acidentalmente usado para outros propósitos. Sempre que possível, deposite tudo o que puder nessa conta. Fortemente motivada, você ficará surpresa com todas as fontes das quais poderá obter dinheiro extra para seus objetivos.

Outra dica: estabeleça uma data para atingir seu objetivo. "Quero viajar para a Itália em 15 de julho de 2015." Com a data definida, você terá mais garantia de êxito quanto à realização de seu objetivo. Sem uma data definida, o objetivo será sempre o da viagem que você quer fazer no futuro.

Seu patrimônio líquido

Outra fonte de motivação é manter-se informada sobre seu patrimônio líquido. Ele é constituído pelo total de seus ativos (absolutamente tudo o que você possui) em relação às suas dívidas.

Esse número é motivador, pois muda com rapidez. É um número composto pelo total de seus ativos e de seus passivos (dívidas) que reflete, com exatidão, seu *status* financeiro. Quanto maior o patrimônio líquido, maior sua liberdade para fazer o que desejar.

Para calcular seu patrimônio líquido:

1º Passo: Faça uma lista com todos os seus ativos fixos, como imóvel e carro, e com os devidos preços atualizados.

2º Passo: Faça uma lista de todos os seus ativos líquidos: dinheiro, fundos de investimento, ações, títulos, fundo de aposentadoria, conta poupança para emergências e todos os demais tipos de contas bancárias.

3º Passo: Faça uma lista de joias, mobiliário e eletrodomésticos, com os preços atualizados.

4º Passo: Calcule tudo junto. Esse é o total dos seus ativos.

5º Passo: Então, subtraia do total dos ativos todas as suas dívidas: empréstimo do imóvel, empréstimo para a compra do carro, saldos de cartões de crédito etc. O resultado é seu patrimônio líquido.

Atualize todos os valores a cada mês, conforme for pagando suas contas e depositando na conta poupança e no fundo de aposentadoria. Ver as dívidas diminuírem e o patrimônio aumentar de forma positiva é um grande avanço em prol da motivação, pois é uma inspiração para manter-se focada.

Mude a forma de pensar

Um dos grandes prazeres e desafios para ter uma vida equilibrada é começar a pensar de maneira diferente em relação às pessoas próximas a você. Vamos encorajá-la! Você não precisa viver da mesma forma que as demais pessoas. Você deve, sim, viver da forma que lhe faça mais feliz! Retroceda um pouco e observe cada situação a partir de sua perspectiva equilibrada. É possível que encontre situações que não aconteceriam a outras pessoas.

No programa FFIT@home (www.FFIT.tv), que a instrutora Erika e eu criamos, estimulamos nossos membros a serem rebeldes da FFIT. Infelizmente, apesar de o foco sobre perder peso ser enorme, com uma nova dieta maluca lançada a cada mês, a obesidade atinge níveis epidêmicos. O que "todos" estão fazendo não está funcionando. As porções servidas nos restaurantes estão fora do controle. Parece que ensinar uma nova dieta entra em conflito com a mensagem da dieta anterior, e isso causa confusão e frustração.

De certa forma, ter uma vida equilibrada é como ser um rebelde no campo das finanças. Você não tem de comprar o que todos estão comprando, dirigir o carro que todos dirigem, passar as férias onde todos estão passando ou viver onde todos vivem. É você quem programa sua vida.

Ocasionalmente, você descobrirá que as pessoas se opõem às suas escolhas. Em muitos exemplos isso as deixa sem jeito porque não têm o mesmo empenho para obter o que querem de verdade.

Na esfera pessoal, passei por uma situação difícil envolvendo esse tipo de pressão social. Quando Paul e eu começamos a falar sobre reformar nossa casa, decidimos cortar gastos para que pudéssemos reformar o máximo possível sem passar por apuros financeiros.

Pouco depois dessa decisão, uma amiga ligou para me convidar para jantar fora com ela. Expliquei que Paul e eu estávamos cortando despesas, mas que, na verdade, adoraria sair com ela para tomar um cafezinho. Foi uma experiência desagradável. Durante o jantar, ela repetia incansavelmente que não se conformava por eu ficar apenas no café. Chegou ao ponto de quase debochar de mim. Mantive minha compostura e aguentei a noite inteira. Mesmo depois do jantar, ela continuou a trazer o assunto à baila.

Foi uma decisão bem difícil, mas sabia que não deveria manter aquela amizade. Se ela não conseguia entender minhas razões para controlar minhas finanças, a amizade não iria durar. Até hoje, ainda me entristeço com a perda da amizade. Ao mesmo tempo, sinto-me orgulhosa por ter sido fiel à minha decisão de fazer o necessário para mim e para minha família. A pressão social pode mesmo ser muito forte, tornando difícil uma reação contrária. Você tem apenas que decidir quem vai gastar seu dinheiro: você ou seus amigos.

É você quem programa sua vida. Você decide o que é importante para você. Você define seu estilo pessoal. Você tem o poder e a capacidade para alcançar seus objetivos. Coloque em ação o plano que criou no capítulo 12 e trabalhe-o passo a passo.

Capítulo 16

Sua vida equilibrada

Como contamos no início deste livro, queremos que você tenha controle sobre suas finanças e foque nos gastos que realmente deseja. Queremos que pare de se preocupar com as faturas de seus cartões de crédito e com o que vai fazer até o próximo pagamento. A vida é uma aventura maravilhosa, e o dinheiro deve ser uma ferramenta, não um obstáculo, para vivê-la em sua plenitude.

Lembre-se que este livro não trata apenas de finanças, mas sobre transformar sua casa em um santuário. Significa aproveitar todos os momentos livres de sua vida. Significa construir um vestuário e uma rotina de beleza que façam com que você se sinta maravilhosa. Significa alimentar seu corpo e sua alma com delícias.

Você é a artista, e a vida equilibrada é você quem cria.

Um dos maiores tesouros que meus pais deixaram para mim foi o conhecimento para que pudesse alcançar tudo o que minha mente quisesse. Para mostrar o meu agradecimento, passo esse tesouro a você.

Siga em frente!

Uma vida equilibrada espera por você!

Este livro foi impresso pela Assahí Gráfica em papel offset 75 g.